Du hast fünf Leben!

Du hast fünf Leben!

Ein Wegweiser durch die
Fünf-Generationen-Gesellschaft der Zukunft

von

Horst Opaschowski und Peter Zellmann

ISBN 978-3-214-12639-1

© 2018 MANZ'sche Verlags- und Universitätsbuchhandlung GmbH, Wien
Telefon: (01) 531 61-0
E-Mail: verlag@manz.at
www.manz.at
Bildnachweis: Benjamin Roeber (Opaschowski)/Privat (Zellmann)
Rashadaskurov, majivecka – istockphoto.com (Cover)
Satzherstellung: Christian Taufer
Druck: FINIDR, s.r.o., Český Těšín

Vorwort

„Du hast nur ein Leben!" – so lautet unser Mantra seit ewigen Zeiten. *„Ein Leben"*, das war 1883 auch der Titel eines Romans des französischen Schriftstellers Guy de Maupassant. Ein gutes Jahrhundert später, im Jahr 1992, hatte die amerikanische Trendforscherin Faith Popcorn gar das Gefühl, *„99 Leben"* zu leben – und das gleich *„auf einmal"*. Und der Politiker Gregor Gysi kommt in seiner Autobiografie von 2017 zu dem Ergebnis: *„Ein Leben ist zu wenig"*.

Mehr denn je gilt für Ausbildung und Beruf heute das Wort des ehemaligen deutschen Bundespräsidenten Roman Herzog: „Niemand darf sich darauf einrichten, in seinem Leben *nur einen Beruf* zu haben." Im übertragenen Sinne stellt sich daher die Frage: Brauchen wir vielleicht mehr als ein Leben, um im Nonstop-Zeitalter der Digitalisierung alle Eindrücke, Angebote und Anforderungen verarbeiten zu können?

Letztlich kann es aber doch nur darum gehen, sich das eigene Leben gut überlegt und vor allem selbstbestimmt einzuteilen. Um es deutlich zu sagen: In unserem Buch *„Du hast fünf Leben!"* geht es nicht um die vordergründige Frage, wie wir auf der Überholspur des Lebens gleichzeitig überall sein können, ohne uns zerteilen zu müssen. Nein – es geht um *Zeitgewinn und Lebenssinn in jeder Lebensphase*. Statt ständig über Zeitnot zu klagen, sollten wir uns eher Gedanken darüber machen, wie wir im 21. Jahrhundert die geschenkte, die zusätzliche Zeit zum Leben nutzen – weil wir immer länger leben. Einem langen

Leben auch Sinn geben: das ist die Herausforderung für die heutigen und die kommenden Generationen.

Auf jeder Stufe seines Lebens erfindet der langlebige Mensch sich ein Stück weit neu. Flexibilität und Innovationsfähigkeit werden die Schlüsselkompetenzen für ein langes Leben. „Start-up ins Leben!" heißt die Herausforderung in jeder Phase.

Als Datengrundlage dienen die Repräsentativbefragungen von jeweils 1.000 Personen, die im November 2017 zeitgleich in Österreich und Deutschland durchgeführt wurden. Der Zwei-Länder-Vergleich ist ein Innovations- und Kooperationsprojekt. Zwei Experten aus zwei Ländern setzen sich wegweisend mit den gesellschaftlichen und individuellen Herausforderungen der Zukunft auseinander. Ergebnis: Die Zukunft wartet nicht!

Horst Opaschowski, Hamburg, *Peter Zellmann*, Wien

Inhaltsverzeichnis

Inhaltsverzeichnis

1. Das Leben neu entdecken

Jede Lebensphase hat ihre eigene Geschichte

Die Dreiteilung des Lebens ist überholt

Steigende Lebenserwartung und der damit verbundene demografische Wandel sind unumkehrbare Prozesse. Zeitgleich treffen bis zu fünf Generationen aufeinander. Aus der Sicht der Zukunftsforschung erscheint die These daher konsequent: *Die Fünf-Generationen-Gesellschaft ist die Zukunft!* In einer Gesellschaft des langen Lebens bekommen wir – wie nie zuvor in der Menschheitsgeschichte – eine doppelte Chance: Wir können mit mehreren Generationen *zusammenleben*. Und wir *durchleben* zugleich selbst mehrere Generationenstufen – vom Kinder- und Jugendalter über die Mitte des Lebens bis zum höheren Alter in der Rolle der 60plus- oder 80plus-Generationen.

Symbolisch in ein Bild gegossen: Wer sich mit dem Rucksack auf eine *mehrtägige Wanderung* macht, muss sich vorher schon die Frage stellen: Was nehme ich mit, was lasse ich zurück? Von welchem „Ballast" kann ich mich zwischendurch befreien? Auf was jedoch darf ich auf keinen Fall verzichten? Und was muss ich an „Gewichtigem" in die nächste Etappe mitnehmen? Wer nicht wegen Überlast vorzeitig aufgeben oder wegen Versorgungsengpässen in Not geraten will, muss weitsichtig planen und vorsorgen. Für die *lange Lebensreise* gilt das wohl noch mehr. Das will dieser Generationen-Ratgeber leisten: eine verlässliche Reiseplanung ermöglichen und *Kurs halten* helfen – damit wir im Leben nicht nur immer „auf Sicht" fahren müssen.

Müssen wir in einer Gesellschaft des langen Lebens, in der bereits jedes zweite Neugeborene einhundert Jahre alt werden wird, den Generationenbegriff neu und weiter denken? Wenn von einer „Generation" gesprochen wird, meinen die einen *die Gemeinsamkeit der äußeren Umstände* – von Geburt an über einen längeren Zeitraum. Beispiele dafür sind die Generationen „X" und „Y". Als Ausdruck eines Wir-Gefühls *macht das mentale Miteinander in Verbindung mit der chronologischen Gleichzeitigkeit das Bewusstsein „einer" Generation aus* – von der Nachkriegs-Generation über die 68er-Generation bis zur Generation „nach dem 11. September 2001". Diese Gemeinsamkeit prägt das ganze weitere Leben.

Andererseits hat aber auch das Generationenverständnis des Soziologen Karl Mannheim aus dem Jahre 1928 seine Gültigkeit bewahrt, wonach *Menschen gleichen Alters wichtige Ereignisse und Erlebnisse als gemeinsames Schicksal auf gleiche Weise erfahren.*[1] Lebensalter und zeitlicher Bezug machen das Spezifische einer Generation aus, wobei das *Wie des gemeinsamen Erlebens* entscheidend ist. Dies war bisher das traditionelle Drei-Generationen-Modell: Großeltern, Eltern und Kinder. Im Lebensverlauf „wechselte" man von einer Generation in die nächstältere.

Gemeinsam sind allen Generationsbegriffen das *ungefähr gleiche Alter* und die *gleichartige Betroffenheit* in einer besonderen zeitlichen Situation. Jede Generation hat ihre *eigene Lebensgeschichte.* Lange Zeit haben wir, dem Modell Mannheims folgend, übereinstimmend mit *drei Generationen pro Jahrhundert* gerechnet und für den natürlichen Generationsrhythmus einen Abstand von etwa 33 Jahren zugrunde gelegt. Heute aber müssen wir bereits mit vier, in naher Zukunft sogar mit fünf Generationen in einem Jahrhundert rechnen. *Die Generationsstruktur wandelt sich grundlegend.* Noch um 1840 betrug die durchschnittliche Lebenserwartung gerade einmal 32 Jahre, was seinerzeit der Dauer einer Generation entsprach.

Bis zum Jahr 2038 liegt die Lebenserwartung bei weit über 80 Jahren. Das bedeutet: In relativ engen Zeiträumen treffen bis zu fünf Generationsgruppen (beispielsweise unter 20; 20 bis 39; 40 bis 59; 60 bis 79; 80 Jahre und mehr) aufeinander. Sie verändern die kulturelle und soziale Physiognomie unserer Gesellschaft. Junge und Jüngere stellen neben Alten und Älteren gleichberechtigte Größen dar. Die Folge: Die geistige Überlegenheit der Älteren ist nicht mehr gegeben: Die Älteren sind ebenso wie die Jüngeren *auf ein lebenslanges Lernen angewiesen.*

Als der Soziologe Ralf Dahrendorf im Jahre 2002 seine Lebenserinnerungen veröffentlichte, gab er ihnen den Titel „Über Grenzen". Damit wollte er das *Überschreiten von Grenzen* zum Ausdruck bringen – in einer Biografie, die heute als englisches Wort „Patchwork" (= Fleckerl-/Flickenteppich) Eingang in die deutsche Sprache gefunden hat. Das *Leben als Patchworkbiografie* ein einziger bunter Teppich, der sich aus lauter Einzelstücken zusammensetzt? Nur auf den ersten Blick: In Wirklichkeit erwartet die Menschen *ein Leben mit immer neuen Anfängen und mit Aufgaben ohne Ende.*

Letztlich sind es fünf Leben. Jedes „Leben", jede Lebensphase wird zur biografischen Herausforderung. Enkel, Kinder, Eltern, Großeltern und Urgroßeltern lösen einander ab. Und jede Generation stellt eine Erlebnis- und Erfahrungsgemeinschaft mit gemeinsamen Erinnerungen dar, wie die Generationenforschung nachweist.[2] Jede Lebensphase hat ihren eigenen Lebenssinn.

Ganz gleich, ob wir nun von „Generationen" oder „Lebensphasen" sprechen: *Fünf Leben zu haben, ist ein Novum in der Menschheitsgeschichte.* Jedes einzelne Leben gilt es zu nutzen und zu genießen. Es muss für sich geplant und bewusst „gelebt" werden – auch wenn am Ende einer langen Lebensstrecke nur „ein ganzes Leben" (bis 80 und darüber hinaus) steht. Dafür wollen wir mit unserer Zukunftsstudie Denkanstöße, Empfehlungen und Ratschläge geben – ganz im Sinne des legendären Gedichts „Stufen" von Hermann Hesse aus dem Jahr 1941: Jede Lebensstufe innerhalb eines langen Lebens „blüht", wenn wir uns mit dem „Abschied" von jedem Lebensabschnitt zum „Neubeginn" für den nächsten bereit machen. Dann wohnt jedem Anfang „ein Zauber inne, der uns beschützt und der uns hilft, zu leben".

Ein Leben nach dem anderen

Für die Zukunft zeichnet sich eine biografische Entwicklung ab, in der *fünf Lebensphasen gleichwertig* nicht nebeneinander, sondern *nacheinander stattfinden.* Jede Lebensphase hat ihren eigenen Wert und ihre individuelle Bedeutung. Dabei spielen Familie und Freunde genauso eine Rolle wie Ausbildung, Beruf und Ruhestand.

Im Laufe der einzelnen Lebensphasen werden ganz unterschiedliche Erfahrungen gemacht. Einmal heißt es *„Die Familie ist der Mittelpunkt des Lebens"* und einmal *„Die Arbeit ist am wichtigsten".* In allen Lebensphasen setzt sich immer mehr die Erkenntnis durch: *„Arbeit allein macht nicht glücklich".* Andererseits macht man auch die Erfahrung *„Ohne Geld geht gar nichts, ohne Gesundheit aber auch nicht".*

So verändern sich Lebensziele und Lebensqualitäten im Laufe von „Fünf Leben", Lebensphasen bzw. Generationenfolgen.

Trotz fließender Übergänge lassen sich idealtypisch in einer Zeit, in der jede(r) Zweite einhundert Jahre alt werden kann, fünf „Generationen" unterscheiden:

- Generation U20, die Generation Zukunft
- Generation Ü20, die Generation Lebensplaner
- Generation Ü40, die Generation Best Ager
- Generation Ü60, die Generation Lebenserfahrene
- Generation Ü80, die Generation Beziehungsförderer

Jede Generation hat ihre ganz persönlichen Herausforderungen und auch Belastungen, auf die unser „Generationen-Ratgeber" eingeht.

Generation U20:
Die Krisenkinder und Zukunftsbejaher

Die Generation U20 ist die „Generation Z(ukunft)": Ihr gehört die Zukunft. Auf den ersten Blick wirkt sie wie eine „Ich will alles und zwar jetzt"-Generation. Sie ist in Wohlstandszeiten aufgewachsen, vielfach verwöhnt und anspruchsvoll – mental und materiell. Sie will natürlich auch in ihrer Arbeit „leben", zu viel Stress erscheint ungesund. Andererseits will sie schnell etwas bewegen und hat für Entscheidungen, die reifen müssen, keinen langen Atem mehr. Sie lebt als „Krisengeneration" in dauerhaft unsicheren Zeiten. Trotz weltweiter Gesellschafts-, Wirtschafts- und Umweltkrisen blickt sie lebensbejahend und optimistisch in ihre eigene Zukunft. Sie resigniert nicht. Mithilfe einer Art Selbstberuhigung lebt sie eine kräfteschonende Gelassenheit und vertraut auf ihren eigenen Idealismus.

In ihrer Sehnsucht nach einem sorgenfreien Leben läuft sie allerdings Gefahr, soziale Beständigkeit durch individuelle Beliebigkeit zu ersetzen. Bindungs- und Entscheidungsfähigkeiten sind in ihrer persönlichen Werteskala ganz unten angesiedelt und stellen daher ihre größten Schwächen dar – im Freundeskreis, in der Partnerwahl und auch bei der Berufsfindung. Politisch engagiert sie sich nur, wenn es ihr persönlich etwas bringt, was ihren hohen Anteil an Nichtwählern bei Bundes- und Landtagswahlen erklärt.

Generation Ü20: Die Familienplaner und Existenzgründer

Bevor die Partner zusammenziehen, spielen sich viele gemeinsame Aktivitäten im außerhäuslichen Bereich ab. Mit der *Partnerschaft unter einem Dach* müssen persönliche Interessen eingeschränkt, das Zusammensein mit Freunden den gemeinsamen Kontaktinteressen untergeordnet sowie die eigene Spontaneität reduziert werden. Kompromissbereitschaft und *Rücksichtnahme auf beiden Seiten* sind gefordert. Partnerschaft kann auch unbequem werden, wenn man dabei zu viel Persönliches aufgeben muss.

Mit der Geburt des ersten Kindes beginnt die Zuständigkeit für Kind, Familie und Haushalt. Außerhäusliche Aktivitäten gehen zurück und die Partner fangen an, zwischen persönlicher Freizeit und Familienfreizeit zu unterscheiden. Die *persönliche Freizeit bekommt Zwischendurch-Charakter,* ist nur mehr bedingt planbar und nicht selten zerstückelt. Das gesamte Alltagsleben ist auf Kinder und Familie ausgerichtet. Die Hoffnung bleibt, „irgendwann" wieder einmal spontan „irgendetwas" unternehmen zu können.

Dennoch dominiert in dieser Lebensphase der Wunsch nach beruflichem Erfolg. Arbeit soll gleichermaßen Freude machen, Sinn haben und den Lebensstandard absichern. Die Vereinbarkeit von Beruf und Familie wird in dieser Generation zur Grundsatzaufgabe für Lebenszufriedenheit und Lebensglück.

Generation Ü40:
Die Mid- und Best Ager

Wenn die Kinder aus dem Haus sind, kann der Tag wieder frei geplant und gestaltet werden. Fast ein Hochgefühl von Freiheit kommt auf. Auch wenn die Partner objektiv genug zu tun haben, nimmt doch subjektiv das Gefühl zu, wieder das tun zu können, was gerade Spaß macht. Die *Ich-Orientierung* kommt wieder zurück, ein fast vergessenes Glücksgefühl – beinahe wie früher, als man noch keine Verantwortung für andere hatte. Die Partner können sich Zeit nehmen, ohne deshalb ein schlechtes Gewissen haben zu müssen. Sie leben in der Mitte ihres Lebens und fühlen sich im besten Alter.

Beruflich hat man es geschafft oder sich arrangiert. Eine gewisse Abgeklärtheit gibt Kraft für die Zukunft und lässt ein *Gefühl* von subjektiv definierter Lebensqualität entstehen.

Generation Ü60:
Die Ausbalancierer und Lebenserfahrenen

Die 60plus-Generation genießt die neue Freiheit im Bewusstsein, die Ruhe und den anstehenden Ruhestand „verdient" zu haben. Zugleich aber wächst die Einsicht, dass Freiheit zwei Gesichter hat: die Befreiung vom Zwang zur Arbeit, aber auch die Verantwortung zur Gestaltung der neu gewonnenen Freiheit. Für die *Sinngebung des Lebens* ist man jetzt wieder fast ausschließlich selbst verantwortlich. Was tun, wenn das Gefühl aufkommt, *nicht mehr gebraucht* zu werden? Als Verhaltensstrategie bewährt sich: *Aktiv bleiben und beschäftigt sein* – in welcher Form und Intensität auch immer.

Generation Ü80:
Die Beziehungsförderer und Zusammenhalter

Im hohen Alter wird der Freundeskreis kleiner. Freunde und Bekannte sind in dieser Lebensphase überaus wichtig, werden aber seltener. Zeit zu haben ist nur mehr halb so viel wert. Man arrangiert sich mit der Situation *zwischen Freiheitsgefühlen und Einsamkeitsängsten.* Dann „sitzt man da" und fängt an zu grübeln und zu denken – was bei Partnerverlust noch verstärkt wird.

Das Leben bewusst und intensiv zu leben wird zur großen persönlichen Herausforderung, damit kein doppeltes Vakuum zwischen Arbeits- und Perspektivlosigkeit droht. Die positive Flucht nach vorn bietet sich als Problemlösung an: Körperlich und geistig beweglich bleiben und alles tun, um die Generationenbeziehungen zu fördern, die „Großfamilie" zusammenzuhalten und möglichst allen durch Ruhe, Ausgeglichenheit und Weisheit ein Vorbild zu sein.

Das Lebensphasen-Modell der „Fünf Leben" zeigt: Jede einzelne Lebensphase muss gelebt und erlernt werden – mit unterschiedlichen Lebensrollen als Partner und Erzieher, Planer und Gründer, Befähiger und Berater, Betreuer und Begleiter, Mentor und Motivator. In jeder durchlebten „Generation" sind spezielle Kompetenzen, Fähigkeiten und Einsichten gefragt. Dies sind *Managementqualitäten für ein langes Leben,* in dem man multifunktional agieren und sich manchmal auch *„vielteilen"* können muss.

Am besten mehrere Leben leben

Ziehen wir ein erstes Resümee: Eine Revolution der Lebenszeit steht uns bevor: „Du hast fünf Leben!" Die traditionelle Dreiteilung des Lebens in Ausbildung, Beruf und Ruhestand ist überholt. Jede(r) Zweite, der heute geboren wird, ist in einhundert Jahren noch am Leben.

Daraus folgt: Den Beruf, den Bund oder die Freunde „fürs Leben" wird es bald nicht mehr geben. In jeder Lebenslage neue individuelle Ziele vor Augen zu haben und Kurs zu halten, um diese zu erreichen, wird zu einer lebenslangen Aufgabe – zu wissen, wofür man lebt.

Fünf Lebensphasen müssen in einer Gesellschaft des langen Lebens gelebt und erlernt werden. Das zwingt zu einer Revision eigener Lebenspläne und liebgewordener Lebensgewohnheiten. Jede Lebensphase hat ihr eigenes Gewicht und ihren besonderen Lebenswert.

Auch in der vierten und fünften (und nicht mehr nur dritten) Lebensphase heißt es, sich jeden Tag eine neue Herausforderung zu suchen! Das kann ein Job, ein Ehrenamt, die Betreuung von (Enkel-)Kindern oder das Erreichen eigener Gesundheitsziele sein. Wer eine Arbeit hinter sich hat, soll eine Aufgabe vor sich haben. Lebensunternehmertum ist gefragt. Und das heißt: immer öfter selbstverantwortlich als abhängig zu sein.

In einer „Du hast fünf Leben!"-Gesellschaft wird jede Lebensphase zum Start-up ins Leben, zu einer täglichen Herausforderung mit immer neuen Anfängen: Mal steht die Familie im Mittelpunkt des Lebens und mal die Kontaktpflege zu Freunden, einmal das Erfolgserlebnis im Beruf und einmal die Freude, für andere da zu sein. Es geht um das Gelingen des Lebens von Kindheit an bis ins hohe Alter.

Zwischen den einzelnen Lebensphasen gilt es, Übergangsstrategien zu entwickeln, um nicht das Gefühl zu haben, zwischen zwei Stühlen zu sitzen. Auch jenseits von Konto und Karriere wollen wir wichtig bleiben. Wenn wir im Laufe des Lebens frei *von* Arbeit werden, wollen wir frei *für* Lebensqualität sein.

In den letzten einhundertdreißig Jahren hat sich die Lebenserwartung mehr als verdoppelt. Die Kindererziehung dauert keine zwanzig Jahre und die Erwerbsarbeit ist keine lebenslange Aufgabe mehr. Was soll an die Stelle der Regeneration der Arbeitskraft treten? Was ist zu tun, wenn „alles getan" ist? Wer will sich schon als fünfte Generation wie das fünfte Rad am Wagen fühlen? Der Lebenssinn muss neu bestimmt werden.

Der Paradigmenwechsel vom Leben, um zu arbeiten, zum Schaffen, um zu leben, ist folgenreich. Mit der alten Lebensregel „Kommt Zeit, kommt Rat" kommen wir nicht weiter. Wir müssen uns schon vorher über das Nachher Gedanken machen und persönliche Investitionen in die Zukunft planen – in die Lebensstandardsicherung und die Gesundheitserhaltung, in die Nachbarschaftshilfe und das lebenslange Lernen.

Neue Sinnorientierungen für die „Fünf Leben" müssen gefunden werden. Wer für sich die Sinnfrage in einer Gesellschaft des langen Lebens unbeantwortet lässt, investiert mit Sicherheit an der eigenen Zukunft vorbei. Schaffensfreude ersetzt Arbeitsfreude: Leben ist die Lust zu schaffen! „Lebenslust" lautet das Leitbild für jede Phase des Lebens.

Wir Autoren sind uns unserer Verantwortung als Zukunftsforscher bewusst. Jenseits von Zahlen und Daten entwickeln wir Denkanstöße und Handlungsimpulse, die Mut machen sollen: Hab eine Vision in deinem Leben! Leg los, um dort anzukommen, wo du hinwillst!

Mit unsicheren Zeiten leben lernen und sich auf ein langes, sinnerfülltes Leben vorbereiten: das ist die Herausforderung für Jung bis Alt im 21. Jahrhundert. Das Leben selbst in die Hand zu nehmen und durch eigenes Handeln das Beste aus ihm zu machen, heißt, das Leben als Sinn und Aufgabe zu verstehen. Die Zukunft wartet nicht. Deshalb empfehlen wir Zukunftsforscher: Sorge für dein Leben selbst. Tu etwas! Und zwar heute und nicht erst morgen.

„Leben muss man das ganze Leben lang lernen!" Diese Weisheit des römischen Philosophen Seneca durchzieht das Buch „Du hast fünf Leben!" wie ein roter Faden. Dabei steht das ganze Leben im Blick.

Didaktisch ist das Buch als Ratgeber angelegt. Jedes Kapitel endet mit Handlungsempfehlungen: „Der Generationenratgeber" – jeweils unterschiedlich für die Generationen konkretisiert. Die Empfehlungen beziehen sich auf jene zehn Lebensbereiche, die den Menschen heute am wichtigsten sind:

1. Gesundheit/Fitness

2. Familie/Kinder

3. Freunde/Nachbarn

4. Beruf/Ausbildung

5. Generationenbeziehungen/Zusammenhalt

6. Politik zum Mitmachen/Bürgergesellschaft

7. Wohnen/Wohnumfeld

8. Urlaub/Freizeit

9. Konsum/Medien

10. Zeitnotstand/Zeitwohlstand

Angesprochen wird alles, was zur persönlichen Entwicklung, Bereicherung und Reifung beiträgt:

- Was macht mich glücklich?
- Wie finde ich Lebenszufriedenheit?
- Was kann ich aus Krisen und Rückschlägen lernen?
- Wie erhalte ich meine Lust am Leben, die natürliche Neugier und mentale Fitness – für ein Leben, das so lange dauert wie noch nie in der Menschheitsgeschichte?

Der 2014 veröffentlichte Bericht an den Club of Rome enthielt eine globale Prognose führender Wissenschaftler für die nächsten 40 Jahre. Dabei deutete sich eine grundlegende *Verschiebung der Prioritäten* an: In der Welt der Zukunft wird das *Wohlergehen der Menschen im Mittelpunkt* stehen – und nicht nur dessen materielle Komponente. Das einseitig BIP-definierte Wachstum wird durch ein „*Wachstum an Wohlergehen*" ersetzt.[3] Dahinter steht die Zielvorstellung, der nächsten Generation eine bessere Welt zu hinterlassen. Das Wachstum an Wohlergehen soll nicht mehr wie bisher nur mit halber Kraft vorangetrieben werden. Im Interesse der nächsten Generation muss aus dem „Immer Mehr" ein „Immer Besser" werden.

Wir haben die Empfehlungen und *Ratschläge für alle Generationen* mit den Beschreibungen aktueller gesellschaftlicher Entwicklungen und Zukunftsvisionen verbunden. Daraus folgt: Es kommt auf jede einzelne Leserin und jeden einzelnen Leser an, für sich die jeweils ganz persönlichen Schlüsse zu ziehen. Konkret heißt dies: Werde dein eigener Erfolgscoach! Wir wollen dabei mithelfen, den eigenen individuellen Lebensweg zu finden und zu gehen. Erwarte Denkanstöße und Handlungsimpulse und keine Patentrezepte. Denn: Es gibt nichts Gutes, außer man tut es – für sich selbst! Wer will, kann sich dem Zeitgeist und Mainstream anschließen, aber auch verweigern und ein eigenes Drehbuch des Lebens schreiben und verwirklichen. Lebensunternehmertum ist gefragt und gefordert. Wir wollen dabei als Wegweiser assistieren.

2. Leitbilder, Wertmaßstäbe, Lebensideale

Auf der Suche nach Lebenssinn

George Orwell hat frühzeitig die *Zeichen einer gelangweilten Spaßgesellschaft* in seinem Zukunftsroman „1984" erkannt: Der größte Teil unseres Lebens werde sich nur noch auf einer unpolitischen Ebene abspielen und mit der „Sorge um Heim und Kinder, kleinlichen Streitigkeiten mit Nachbarn, Kino, Fußball, Bier und vor allem Glücksspielen" ausgefüllt sein. Werden dann die Menschen auf der Suche nach Lebenssinn mit dem Faktum konfrontiert: „Die Institutionen setzen keinen Sinn und die Politiker repräsentieren keine Werte mehr"?[1]

Mit seiner *Post-Millenniums-Stimmung* hatte uns das ausgehende 20. Jahrhundert zwar keinen Welt-Untergang, aber auch kein neues Sinn-Zeitalter beschert: Verunsicherung breitete sich aus. Für die Zukunft schien sich eher eine Verlierergesellschaft abzuzeichnen.

Insofern kann es nicht überraschen, dass sich seither bei der jungen Generation eine *Werteverschiebung* abzeichnet. Traditionelle Pflicht- und Akzeptanzwerte (Anstand, Ehrlichkeit, Pflichterfüllung, Höflichkeit, Fleiß) finden bei der Jugend wieder größere Resonanz, während Selbstentfaltungswerte (Kritikfähigkeit, Kontaktfähigkeit, Spontaneität, Offenheit) deutlich an Bedeutung einbüßen. Selbstentfaltungswerte bleiben zwar weiterhin wichtig im Leben, verlieren aber tendenziell ihre übermächtige Dominanz.[2]

Ein Ausgleich zwischen materiellen und immateriellen Lebenszielen wird angestrebt – eine Art *Gleichgewichtsethik. Statt Werteverfall kündigt sich ein neuer Werte-Mix an.* Altes wird mit Neuem kombiniert und die Karriereorientierung wird nicht mehr der Lust am Leben geopfert (und umgekehrt). Auch Selbstdisziplin steht der Selbstverwirklichung nicht mehr im Wege. Die Sinnhaftigkeit des eigenen Tuns steht wieder im Zentrum des Lebens.

Aus dem traditionellen Drei-Generationen-Modell ist eine Fünf-Generationen-Wirklichkeit geworden (vgl. S. 9, 163)

Wichtige Aspekte der Zukunftsgesellschaft:

- Die Generationen X (1960 bis 1980 Geborene) und Y (1980 bis 2000 Geborene) haben mit den traditionellen Generationenübergängen gebrochen. Neue Lebenseinstellungen und neue Lebensweisen haben neue Wertemaßstäbe mit sich gebracht. Der gesellschaftliche Wertewandel ist seit den 1970er Jahren im Gange und wird erst in ein bis zwei Jahrzehnten abgeschlossen sein.

- Es kommt zu grundlegenden Einstellungsänderungen in einer Gesellschaft des langen Lebens: Die Karten des Lebens werden neu gemischt. Der Ruhestand, eine Errungenschaft der Neuzeit und der Industriegesellschaft, überlebt sich und wird durch *nachberufliche Lebensphasen* abgelöst. Der Übergang aus der Erwerbstätigkeit verlagert sich nach hinten, während gleichzeitig die Lebenserwartung zunimmt. Dafür gibt es keine historischen Rollenvorbilder.

- Die nachberufliche Lebenszeit, ein Novum in der Menschheitsgeschichte, verlangt nach Antworten auf die Frage, wie das Leben nach der Erwerbstätigkeit sinnvoll gestaltet werden kann. Das Leben zwischen „50 plus x" und „100 minus x" verlangt nach *neuen Leitbildern.*

- Die Lebensarbeit ist mit dem Ausscheiden aus dem Erwerbs-
  leben nicht zu Ende. Die 50plus-Generationen werden für
  Mentoren- und Patenschaftsaufgaben zur Unterstützung junger Existenzgründer dringend gebraucht. Wirtschaft und
  Politik werden sie daher in diesen gesellschaftlich notwendigen Aufgaben ideell und materiell unterstützen müssen.

- *Die 50plus-Generationen stellen in Zukunft die größte Zahl
  Ehrenamtlicher im sozialen Bereich.* Sie helfen nicht nur, das
  Sozialsystem dauerhaft zu sichern, sondern machen auch
  Ernst mit dem Dialog zwischen den Generationen. Indem sie
  Solidarität zwischen Alt und Jung praktizieren, leisten sie ei-
  nen wichtigen gesellschaftlichen Beitrag zu einem neuen *Kon-
  sens der Generationen.*

- *Zukunftsvorsorge* betrifft jeden von uns – heute noch in der
  Rolle als Enkel oder Kind, morgen bereits als Frührentner
  oder Ruheständler. Neben der materiellen Altersvorsorge
  wird die mentale und soziale Vorsorge durch Familie, Freunde, Vereine und soziale Netzwerke immer wichtiger.

Die Prognose des amerikanischen Soziologen Daniel Bell aus
den Siebzigerjahren, die westliche Welt stehe vor einem "collapse
of the older value system"[3], bewahrheitet sich nicht. Ganz im
Gegenteil. Die Renaissance der alten Werte ist eine Antwort auf
die ökonomischen und politischen Krisen unserer Zeit. Die
Menschen gehen auf die Suche nach Sicherheit, Geborgenheit
und innerem Frieden, nach „Heimat". *Heimat ist, wo ich emotional zu Hause bin.* Damit verbunden ist eine Besinnung auf be-
ständige Werte. Mit dieser wertkonservativen Wende entsteht
beinahe eine neue Bürgerlichkeit.

Das kann sich auch als Rückzug in die Familie und die eigenen
vier Wände äußern – wie vor einem Vierteljahrhundert, zur Zeit
des Golfkriegs 1991, als die Amerikaner plötzlich "Back to the

simple life" riefen und "Cocooning" entdeckten – in Anlehnung an den Kokon, die Schutzhülle, mit der sich die Raupe des Seidenspinner-Schmetterlings von der Außenwelt abschirmt.

Wenn Österreich und Deutschland zukunftsfähig bleiben wollen, brauchen wir eine soziale Vision für die nächsten zwanzig Jahre. Die Zeichen der Zeit – von den weltweiten Flüchtlingsströmen über Bürgerkriege und Terrorismusbedrohungen, Griechenland-, Türkei- und Ukrainekrise bis zu Klimawandel und digitaler Revolution – zwingen zum Umdenken in der Gesellschaft. Sind Gesellschaft und Politik darauf vorbereitet? Oder werden sie überfordert sein? Im Zentrum des politischen Handelns muss die Lösung sozialer Probleme und Konflikte stehen: wachsende soziale Ungleichheit, zunehmende Fremdheitsgefühle im eigenen Land sowie Spannungen zwischen Einheimischen und Zuwanderern.

In den Jahren 1939 bis 1941 entstand Stefan Zweigs Buch „Die Welt von Gestern" mit dem Untertitel „Erinnerungen eines Europäers". Darin beschreibt Zweig detailliert eine Welt der Sicherheit: „Dieses Gefühl der Sicherheit war der erstrebenswerte Besitz von Millionen, das gemeinsame Lebensideal. [...] man assekurierte sein Haus gegen Feuer und Einbruch, sein Feld gegen Hagel und Wetterschaden, seinen Körper gegen Unfall und Krankheit [...]. Nur wer sorglos in die Zukunft blicken konnte, genoss mit gutem Gefühl die Gegenwart."

Treffender kann man die Situation in Österreich und Deutschland auch im Jahr 2018 nicht beschreiben:

- Das gute Gefühl der Sicherheit ist der neue Reichtum der Menschen.

- Das gute Leben fängt mit dem sorglosen Blick in die Zukunft an und hört mit der Zukunftsangst auf.

Richtungsweisend wirkt die Motivationskraft des kanadischen Premierministers Justin Trudeau, der in einem „Spiegel"-Interview seine Positiv-Strategie so erklärt: „Statt zu sagen: Wir bewahren euch vor dem Schlimmsten, haben wir gesagt: Lasst uns versuchen, *gemeinsam das Beste* zu erreichen. Lasst uns eine *positive Idee* davon gewinnen, wie unser Zusammenleben aussehen kann. Lasst uns eine *Vision entwickeln*. Es ist besser, wenn wir alle an einem Strang ziehen."[4]

Mit diesem Buch als Ratgeber für alle Generationen wollen wir die Zögernden bestärken, die Unsicheren informieren und die Zweifler gewinnen. Dort, wo wir gesellschaftliche Entwicklungen beschreiben, soll dies eine Anregung zum Nachdenken sein. Auch wenn wir da und dort konkrete Anregungen für ein „gelungenes Leben" geben, stellen diese keine Patentrezepte dar. Sie sollen lediglich Denkanstöße sein: Auf dich selbst kommt es an. Trau dich. Leg los. Tu etwas!

3. In jedem Alter leben lernen

Die Agenda für ein langes Leben

Lebensbereich: Gesundheit/Fitness
Wohlfühlen in der eigenen Haut

Die Gesundheitsversorgung ist den meisten Menschen so wichtig wie die finanzielle Sicherheit. Davon abgesehen heißt „gut leben" für mehr als die Hälfte der Bevölkerung aber auch, „sich eine gute medizinische Versorgung leisten zu können" und „sich gesund zu fühlen."

Die Gesundheit entwickelt sich zu einem Megamarkt der Zukunft. In der immer älter werdenden Gesellschaft boomen Bio- und Gentechnologien, Pharmaforschung und Forschungsindustrien gegen Krebs, Alzheimer und Demenz sowie gesundheitsnahe Branchen, die Care, Vitalität und Revitalisierung anbieten.

Auch die IT-Branche wird zum Player auf dem Gesundheitsmarkt und droht das Gesundheitssystem und den Sozialstaat beinahe zu verdrängen. Die Diagnose von Krankheiten wird den Ärzten von Wearables regelrecht aus der Hand genommen: Schrittzahl und Pulsschlag, Herzfrequenz und Blutzuckerspiegel werden präzise gemessen und Gesundheitsrisiken frühzeitig diagnostiziert.

Die öffentliche Daseinsvorsorge, eine primäre Aufgabe des Staates, wird privatisiert. Das staatliche Informationsmonopol über das Wohlergehen und den Schutz der Privatsphäre der Bürger geht verloren. Das gilt es ohne Zweifel in Zukunft stärker als bisher zu beachten. Die transparente „persönliche Fitnessakte" kann nicht in unserem Interesse liegen. Statt sich an standardisierten, vom Computer laufend geprüften Vergleichswerten zu orientieren, wird es wichtiger werden, in den eigenen Körper hineinhören zu können. Der beste Fitnesscoach ist man selbst, wenn man seine Signale versteht.

Die Gesundheit bekommt in Zukunft jedenfalls fast Religionscharakter – ganz im Sinne eines Kirchenwortes des deutschen Kardinals Joachim Meisner: „Das Gesundheitswesen nimmt die Form einer Kirche an."[1] Die Gesundheit stellt den wichtigsten Wert im Leben dar. Die Achtung, ja die Hochachtung vor der eigenen Gesundheit wird immer bedeutsamer. Gesundheit bedeutet aber mehr als körperliche Fitness: Es geht dabei im wahrsten Sinn des Wortes um das *Wohlfühlen in der eigenen Haut.*

Wir sollten uns nicht länger von Medizin und Medien krankschreiben lassen. Dazu gehört auch die Erkenntnis, dass es trotz eines objektiv diagnostizierten Krankheitszustandes ein subjektiv wahrgenommenes Gesundheitsgefühl geben kann. Was Mediziner *"Healthy Aging"* nennen, deutet auf das Faktum hin, dass wir heute und in Zukunft länger beschwerdefrei leben können. Nicht unerwähnt bleiben darf in diesem Zusammenhang das sogenannte *"Disability-Paradox"*: Man fühlt sich wohl und gesund, obwohl andere meinen, man sei krank und gebrechlich.

Das Entscheidende ist die subjektiv empfundene Gesundheit. Ohne sie ist alles andere fast nichts wert. Daher ist klar: Jeder und jede muss mehr für die eigene Gesundheit tun, also körperlich, seelisch, geistig und sozial fit bleiben, um im Alter nicht allein zu sein oder sich als „fünfte" Generation wie das fünfte Rad am Wagen zu fühlen. Nur wer aktiv zu leben versteht, kann verhindern, dass die Altersträume von heute zu Alpträumen von morgen werden.

Hinter manchen Altersträumen *tickt auch die Uhr des Lebens* – die späte Einsicht, sich vielleicht doch mehr mit der Familie zu beschäftigen, den Freunden mehr Zeit zu widmen und nachhaltigere Nachbarschaftskontakte zu pflegen. Altersträume sind kein Luxus, eher eine Lebensnotwendigkeit, den vorhandenen Zeitwohlstand im höheren Lebensalter zu nutzen – ehe es zu spät ist.

Nach Erhebungen des Berliner Robert-Koch-Instituts[2] bezeichnen drei Viertel der Bevölkerung ihren Gesundheitszustand als gut oder sehr gut. Auch bei den über 60-Jährigen ist es nicht wesentlich anders. Nach einer Studie des VCÖ (Verkehrsclub Österreich) gilt dies auch noch für 55 Prozent der Generation 80plus. Die älteren Generationen sind einfach zu jung zum Altsein. Sie leben nicht nur länger, sondern gewinnen gesunde Lebensjahre hinzu. Die Generation 60plus ist und isst gesünder.

„Gesund sein" und „Sich gesund fühlen" werden zu dominierenden Lebensprioritäten. Es geht um das Wohlfühlen in der eigenen Haut bis ins hohe Alter. Gesundheit wird in einer Gesellschaft des langen Lebens wichtiger als Geld und Güter. Über „3 G" machen sich die Menschen am meisten Sorgen: *Gesundheit, Geld und Geborgenheit.* Die Sorge um die Gefährdung der eigenen Gesundheit, die Furcht vor steigenden Lebenshaltungskosten und die Angst vor unsicheren Zeiten bestimmen das Lebensgefühl der Menschen.

Nach der weitgefassten Definition der Weltgesundheitsorganisation (WHO) ist Gesundheit ein Zustand vollkommenen körperlichen, geistigen und sozialen Wohlbefindens und nicht allein das Fehlen von Krankheit und Gebrechen. Doch was ist letztlich gesund und was ist krank? Diese Fragen werden vor dem Hintergrund eines längeren Lebens immer schwerer zu beantworten sein.

In einer Gesellschaft des langen Lebens hat das *Gesundheitssystem* eine fundamentale Bedeutung. Diese ergibt sich zentral aus der Beantwortung der Frage, was gut und wichtig für das *Wohlergehen des Menschen* ist. Erst danach stellt sich die Frage nach der Finanzierbarkeit. Neben der Gestaltung gesunder Lebens- und Arbeitsbedingungen kommen der Prävention und der Gesundheitsförderung vorrangige Bedeutung zu. Sogenannte primärpräventive Maßnahmen, die gesundheitsförderlich sind und Erkrankungswahrscheinlichkeiten senken helfen, müssen stärker in den Blickpunkt rücken. Das gilt für den Einzelnen oder die Einzelne genauso wie für die Gesundheitspolitik. Nur so lässt sich die Zukunftsfähigkeit des Gesundheitssystems erhalten und erhöhen.

Die Einsparpotenziale durch eine langfristig angelegte Prävention liegen erfahrungsgemäß bei etwa 30 Prozent der heutigen Gesundheitskosten. Insofern sind Präventionsprogramme, die bereits im jüngeren Alter ansetzen, am wirksamsten. Vorausgesetzt, dass sie von den Menschen auch angenommen werden. Das ist unser persönlicher Anteil an „der Gesundheitspolitik".

In der Medizin befürchtet man für die Zukunft fast eine „religiöse Karriere der Gesundheit"[3]. Geradezu gesundheitsfromm werden die „Halbgötter in Weiß", die Heil und Heilung, Wellness und Anti-Aging versprechen, angebetet. Der Wunsch nach persönlichem Wohlbefinden und ewiger Jugend nimmt dann fast pathologische Züge an.

Mach dich davon unabhängig und bestimme dein Gesundheitsverlangen für dich selbst! Lerne in dich hineinzuhören und gehe auf deine *innere Stimme* ein. Dann kann *Gesundheit zum Synonym für Glückseligkeit* und Gesundheitserhaltung ein Weg zum gelingenden Leben werden.

Positive Gesundheitstrends werden immer wichtiger: Wir können mit einem langen – und über viele Jahre in Gesundheit verbrachten – Leben rechnen. Ein seit den Siebzigerjahren zu beobachtender Zukunftstrend setzt sich weiter fort: Das Gesundheitsbewusstsein der Menschen wird größer, *die Gesundheit verbessert sich.* Der Anteil der Bevölkerung, der seinen Gesundheitszustand als „sehr gut" bezeichnet, nimmt stetig zu.

Und die Lebenserwartung wächst weiter. Wer heute 60 Jahre alt wird, hat noch fast ein Drittel seines Lebens vor sich – die „vierte" bis „fünfte" Lebensphase. Und für die Zukunft gilt: *Die Männer holen bei der Lebenserwartung auf.* Der Angleichungsprozess zwischen den Geschlechtern setzt sich weiter fort. *Die beschwerdefreie Lebenserwartung im hohen Alter nimmt zu.*

Statt wie bisher nur über die Entstehung von Krankheiten nachzudenken („*Pathogenese*"), wird in Zukunft die „*Salutogenese*" ins Zentrum der Gesundheitsforschung rücken: Dabei geht es primär um die Frage, wie Menschen bis ins hohe Alter gut und gesund leben können.

Wir müssen frühzeitig eine umfassende *private Lebensökonomie entwickeln,* die das materielle Fundament des Lebens um soziale und psychische, d.h. mentale Aspekte ergänzt und bereichert. Lebensökonomie setzt Kapitalbildung auf breiter Ebene voraus: *Geldkapital, Humankapital, Sozialkapital,* also alles, was zur Sicherung des Lebensunterhalts und der Lebensqualität beiträgt: Einkommen und Vermögenserwerb, Geldanlagen und Erbschaften, Sparquoten und Immobilien, aber auch Gesundheitsinvestitionen, Familiengründung und Kindererziehung, Nachbarschaftshilfen und freiwillige Pflegeleistungen stellen das Lebenseinkommen dar und garantieren Lebensqualität.

Eine gelungene private Lebensökonomie gleicht einem Haus der Zukunftsvorsorge mit vier Säulen. Mit der

- *ökonomischen Säule (1)* lässt sich allenfalls der Lebensstandard absichern oder verbessern. Aus der Sicht der Bevölkerung ist Lebensqualität bis ins hohe Alter nur dann gewährleistet, wenn gleichwertig drei andere Säulen hinzukommen und darauf aufbauen:

- die *physische Säule (2)* (= die Gesunderhaltung),

- die *soziale Säule (3)* (= die Pflege der Familien- und Freundesbeziehungen) sowie

- die *mentale Säule (4)* (= die persönliche Interessenentwicklung und Weiterbildung).

Gelungene Altersvorsorge ist mehr private Zukunftsvorsorge und weniger ein Regelwerk des Gesetzgebers.

Lebensgewohnheiten und nicht Medikamente sind die wichtigsten Bestimmungsfaktoren für Gesundheit. Die Gesundheit lässt sich in jeder Lebensphase zu etwa 50 Prozent durch Veränderungen von Lebensstil und Lebensgewohnheiten (einschließlich Ernährungsgewohnheiten) beeinflussen. Weitere 20 Prozent gehen auf Umwelteinflüsse, zehn Prozent auf humanbiologische Faktoren und lediglich 20 Prozent auf das Gesundheitssystem und die medizinische Versorgung zurück.

In der bisherigen gesundheitspolitischen Diskussion scheinen „Gesundheit" und „Sport" fast Synonyme zu sein – mit der Begründung: Die Bevölkerung treibt Sport, weil Sport gesund ist. Auch in der subjektiven Einschätzung spielt das *Motiv der Gesunderhaltung* eine dominierende Rolle. Für öffentliche Gesundheitskampagnen sind Menschen aller Altersstufen über das Medium Sport gut ansprechbar. Bei der Überwindung des „inneren Schweinehundes" müssen ihnen Gesundheits- und Sportpolitik allerdings helfen: Wer sie zum Sporttreiben motivieren will, muss ihnen nachweislich eine Verbesserung ihres Wohlbefindens bieten. Bevormundende Appelle allein sind zu wenig.

Insbesondere *Fitness als eine Form des „Anti-Aging"* gilt heute geradezu als Lebensideal. Freizeitsportler setzen sich in Bewegung, um fit und beweglich zu bleiben. Was in Betrieb und Büro, in Ausbildung und Beruf zu kurz kommt, soll nach Feierabend ausgeglichen werden. Zwei von fünf BürgerInnen wollen durch sportliche Aktivität *Bewegungsmängel ausgleichen.* Fast jeder Dritte nutzt die Sportaktivität auch zum *Stressabbau.* Zu Primärmotiven wie Spaß, Gesundheit, Fitness und Ausgleich gesellt sich eine Reihe von Sekundärmotiven, die nur auf ein Ziel gerichtet sind – auf das psychische, physische und soziale Wohlbefinden. Nicht das einzelne Motiv für sich, sondern alle Motive im Zusammenhang tragen zum persönlichen Wohlbefinden bei.

Doch Achtung: Wie gesund ist der Sport wirklich? Sport ist so „gesund" wie etwa die Ernährung. Also eben nicht gesund an und für sich – es kommt auf Zusammensetzung, Qualität und Umfang an. Dazu braucht es neben der externen Beratung durch Ärzte und Sportlehrer vor allem ein mit Hausverstand erarbeitetes Wissen um die Funktion des eigenen Körpers. Spüre selbst, was dir gut tut. Lerne, in deinen Körper hineinzuhören und nimm seine Botschaften ernst.

Die jahrhundertlang propagierte Einheit von Körper, Seele und Geist spiegelt sich als Fitness/Wellness/Mindness in der Bewegungs- und Wohlfühlkultur wider. Diese Entwicklung wurde bereits frühzeitig prognostiziert: „Für die Zukunft zeichnet sich eine Entwicklung ab, in der aus Fitness ‚Wellness' wird. Körperliche Aktivierung in Verbindung mit seelischer Entspannung und geistiger Anregung. Wellness ist Fitness für Körper, Seele und Geist. Wellness zielt auf persönliches Wohlbefinden (‚well-being')." Der Freizeitsport ist eine vom Vereinssport oft unabhängige Grundlage. So lauteten die frühen Prognosen.[4] Der vorausgesagte Wellness-Trend ist inzwischen weltweit Wirklichkeit geworden.

Das Marktsegment erlebt einen regelrechten Boom. Was früher „Spa" (*sanus per aquam* – *gesund durch Wasser*) hieß und für Frauen in einer Mischung aus Kosmetik-, Schönheits- und Massagesalon attraktiv war, zieht heute auch Männer an.

Wellness ist freilich mehr als Thermen- und Saunabesuche. Wellness gleicht einer Mixtur aus Physischem und Psychischem, Mentalem und Spirituellem, Exotischem und Esoterischem. Sie ist gleichermaßen Lebenseinstellung wie Lebensgefühl. Alles zielt dabei auf Wohlsein, Wohlbefinden und Wohlergehen ab.

Wellnessangebote verstehen sich als Verwöhnprogramme zwischen "Life in Balance" und "Energy Balancing", von Tai Chi über Meditation bis zu Feng-Shui-Gesichtsmassagen. Die Wellnessorientierung ist auch eine *Antwort auf die Non-Stop-Gesellschaft*, in der man sich dem pausenlosen Aktivsein kaum mehr entziehen kann. Es kommt der Wunsch nach Ruhe und Muße auf.

Wellness wird wieder mehr Mindness sein – eine Wiederentdeckung der Muße. Weil jedoch das Lob der Hängematte nicht zu Leistung und Betriebsamkeit passt, werden manche bange fragen: „Müssen wir Mindness fürchten?" – „Muße war nie aller Laster Anfang", kann man dem nur in Umkehrung des alten Spruches entgegenhalten. Aus dem Müßiggang wurden seit der Antike Erkenntnisse gezogen und Lehren entwickelt, auf deren Grundlagen wir heute noch aufbauen. Warum soll dieses Prinzip nur für Philosophen und Vordenker und nicht für uns alle gelten?

In einer Gesellschaft des langen Lebens wird Gesundheit wichtiger als Geld. „Sich gesund fühlen" bedeutet subjektiv „sich wohl*fühlen*" und „sich gut *fühlen*", damit es einem auch „körperlich und seelisch gut *geht*". Sich gesund zu fühlen macht

Wohlstand erst zum Wohlergehen, was sich auch in den oft gehörten Aussagen „Nur die Gesundheit zählt" und „Ohne Gesundheit ist das Leben nur halb so viel wert" widerspiegelt. Das aber ist – nicht nur, aber auch – eine Geldfrage: „Sich eine gute medizinische Versorgung leisten zu können" ist ein verständliches Bedürfnis eines großen Teils der Bevölkerung. Wir müssen die Neuorganisation des Gesundheitssystems und seine Finanzierbarkeit von der Politik einfordern. Sie ist eine fundamentale Voraussetzung für persönliche Zuversicht und damit auch für den sozialen Frieden.

In Zukunft können Rentner lange und immer länger leben, wenn sie sich von der Vorstellung verabschieden, dass „Mehr Medizin" auch „Mehr Gesundheit" sei. Die persönliche Lebenserwartung ist sehr viel mehr vom *individuellen Lebensstil,* wie z.B. der körperlichen Bewegung, den Ernährungsgewohnheiten und der Lebenszufriedenheit, abhängig.

Auf lange Sicht könnte z.B. die *Einführung eines Schulfachs „Gesundheitserziehung"* kostengünstiger sein als ständige Informationskampagnen zur Verhinderung von Krankheitsrisiken. Im modernen Verständnis von modularem Unterricht muss „Gesundheitserziehung" Elemente aus den heutigen Unterrichtsfächern Sport, Biologie, Umweltkunde und politische Bildung beinhalten. Andernfalls droht eine Zwei-Klassen-Medizin im Alltag, in der sich manche Eltern von ihren Kindern zu Weihnachten ein neues Hüftgelenk schenken lassen …

Es sind weniger die körperlichen Veränderungen, die eine Art *Altersphobie* auslösen. Vielmehr ist in unserer Gesellschaft mit dem Attribut „alt" die Furcht vor dem Aufhören-Müssen und Nicht-mehr-gebraucht-Werden verbunden. Insofern bietet sich als Problemlösung für viele die Abschaffung des Altersbegriffs geradezu an. Darauf deuten subjektive Verdrängungsargumente wie z.b. die Äußerung eines Rentners hin: „*Heute ist keiner mehr alt – ich auf jeden Fall nicht.*" Der Altersbegriff ist ohnehin in Auflösung begriffen; überlieferte, sozial und kulturell begründete Altersabgrenzungen verwischen sich: „8-Jährige knacken Computersysteme von Staatsbehörden, 17-Jährige Gymnasiasten spekulieren an der Börse, während hochmobile Frührentner in Nike-Turnschuhen mit aufgestülptem Walkman bei McDonald's sitzen und haufenweise Chicken-McNuggets in sich hineinstopfen."[5]

Die ältere Generation neigt dazu, den Fallbeil-Charakter des Wortes „alt" durch den Prozess-Charakter des Wortes „Älterwerden" zu ersetzen. Älterwerden weist auf die *Normalität eines biografischen Prozesses* hin. Älterwerden gehört zum Leben und ist ein ganz natürlicher Vorgang. Dieser Prozess ist *im ganzen Leben nie* zu Ende, kurz: ein Reifungsprozess, also etwas durchaus Positives. Als der spanische Cellist Pablo Casals einmal gefragt wurde, warum er als 92-Jähriger immer noch täglich Cello übe, antwortete er: „Ich glaube, ich mache Fortschritte."

Älterwerden ist

- einfach nicht zu vermeiden (negativ),

- durchaus etwas Normales (neutral) oder

- einfach schön (positiv).

Älterwerden wird als Synonym für wachsende Lebenserfahrung empfunden und ersetzt im subjektiven Erleben den Begriff Alter.

Alt ist man aus Sicht der Bevölkerungsmehrheit heute in Deutschland ab 76 und in Österreich ab 78, für die 55plus-Generation sogar erst ab 83. Die von den Autoren schon in den

Neunzigerjahren angekündigte „neue Generation" zwischen 60 und 80plus ist mittlerweile Wirklichkeit geworden.

Vor diesem Hintergrund müsste manches Anti-Aging-Konzept anders begründet werden: Denn „noch offen für Neues zu sein" ist nach Meinung der Bevölkerung für das Jungsein und Jungbleiben um ein Vielfaches wichtiger als die Tatsache, „noch jung auszusehen". Ein mentales Coaching, das vielseitige Interessen weckt, hält Menschen länger jung als manche Kur oder Kosmetik. Wer – wie die Jugend – offen und begeisterungsfähig durch das Leben geht, „geht mit der Jugend".

Und wer glaubt, nicht als Optimist geboren zu sein, sollte sich die Dänen zum Vorbild nehmen. Nach dem "World Happiness Report" der Vereinten Nationen (2016) sind die Dänen unter 160 untersuchten Staaten die glücklichsten Menschen der Welt. Als wichtigsten Grund führt das von den UN beauftragte Earth Institute der New Yorker Columbia Universität neben der hohen Lebenserwartung die *geistige Gesundheit* bzw. *mentale Fitness* auf der Basis einer positiv-optimistischen *Selbstwahrnehmung* an. Die Dänen gelten als besonders bescheiden, weil sie sich auch über die kleinen Dinge des Lebens freuen können.

Wie sagen Stressforscher? Eine Minute Lachen ist „für die Gesundheit genauso gut wie 10 Minuten Laufen".[6] Und wer über sich selbst lachen kann, lebt wahrscheinlich noch gesünder.

Die ältere Generation stellt in Zukunft das größte Wissenspotenzial dar. Eine Gesellschaft, die das nicht im Blick hat, verliert ihr Langzeitgedächtnis. *Geistige Gesundheit* und *mentale Fitness* werden zu neuen Lern- und Lebenszielen. Der gesundheitspolitische Imperativ in der langlebigen Gesellschaft des 21. Jahrhunderts lautet: „Ändere dein Leben – und nicht nur deinen Körper!" Das ist Wellness.

DER GENERATIONENRATGEBER

1. Lebensbereich: Gesundheit/Fitness

Empfehlungen für die Generation Zukunft

Im Alter von 18 Jahren sind alle wesentlichen Fähigkeiten ausgebildet: Wer sportlich interessiert ist und sich fit hält, wechselt im späteren Alter gegebenenfalls nur noch die Sportart, bleibt aber sportlich in Bewegung. Die Aktivitäten im Kindes- und Jugendalter sind wegweisend für das ganze Leben. Die Generation Zukunft wächst in einer Zeit auf, in der Gesundheit und Wohlbefinden, Fitness und Kondition, Bewegungstraining und Körpererfahrung zur Persönlichkeitsentwicklung gehören. Die sportliche Betätigung und Herausforderung als Ausgleich zum Bewegungsmangel in Schule, Ausbildung und Beruf ist unverzichtbar geworden. Hinzu kommen Grenzerlebnisse im Extremsport. Die junge Generation läuft allerdings mitunter Gefahr, den Sport zum Körperkult zu machen und mit Persönlichkeitsbildung zu verwechseln.

Empfehlungen für die Generation Lebensplaner

Wer sein Leben und seinen beruflichen Lebensweg plant und die eigene Gesunderhaltung aus den Augen verliert, kann kein Profi sein. Zur Kompetenz der Lebensplaner gehört das eigene Wohlbefinden im umfassenden Sinn – physisch, psychisch, geistig und sozial. Fitness/Wellness/Mindness: Die jahrhundertlang propagierte Einheit von Körper, Seele und Geist spiegelt sich in besonderer Weise im modernen Gesundheitssport wider – als Verwöhnprogramm zwischen Anstrengung und Entspannung, zwischen Aktivsein und Wohlsein. Für die Generation Lebensplaner hat die sportliche Betätigung auch eine präventiv-medizinische Bedeutung: Sie ist eine Zukunftsinvestition, die Zeit und Kosten für die Heilung von Krankheiten sparen hilft.

Empfehlungen für die Generation Best Ager

Die über 40-Jährigen und nicht mehr die über 14-Jährigen sind in Zukunft tonangebend in den Sportvereinen. Ob Fußball oder Schwimmen, Tennis oder Hockey: "Fourty is fabulous". Die über 40-Jährigen in der Mitte der Lebens gehen in Fitnesscenter oder begeistern sich für Mannschaftssportarten. Leistungs- und Erfolgserlebnisse tragen zum Stressabbau bei und machen Spaß. Die Gemeinschaftserlebnisse sind eine „schöne Nebensache" für die Sporttreibenden. Hierbei lassen sich problemlos neue Freunde finden und auf Dauer gewinnen. Das gemeinsame Interesse und Tun verbindet. Die Generation Best Ager trägt ihren Namen zu Recht. Ihr gelingt die Balance des Lebens am ehesten durch den Ausgleichssport. Eine Stärkung des Selbstbewusstseins ist die Folge.

Empfehlungen für die Generation Lebenserfahrene

Anti-Aging-Training ist ein Zauberwort für den modernen Seniorensport geworden. Beweglichkeit, Ausdauer und Kraft fördern die motorischen Fähigkeiten und steigern das Selbstwertgefühl. Fitnesscenter und Sportvereine entdecken gerade diese Zielgruppe, die weiß, was sie will. Berufs- und lebenserfahren sucht diese Generation gezielt Kursprogramme aus – von der Gymnastik über Fitness bis zum Tanzsport. Die Ausbreitung des Gesundheitsbewusstseins in den letzten Jahren hat ihre Spuren hinterlassen. Nicht Jogger und Marathonläufer, sondern eher „No-Sport"-Anhänger müssen sich immer öfter rechtfertigen. Ob mäßig oder regelmäßig: Der Sport hat sich in vielfältiger Form als Massenbewegung etabliert, die sich zur Recht als größte Bürgerinitiative feiert.

Empfehlungen für die Generation Beziehungsförderer

Lifetime-Sport ist im 21. Jahrhundert Realität geworden. Auch und gerade die ältere Generation tut viel für ihre Gesundheit und körperliche Kondition. Der Werbespruch „Sportaktivität von der Wiege bis zur Bahre" ist keineswegs aus der Luft gegriffen: Regelmäßige Gymnastik zu Hause, Schwimmen im Hallenbad sowie Wanderungen und Nordic Walking am Wochenende oder im Urlaub dürfen auch bei der Generation 80plus nicht Halt machen. Bewegung in jeder Form, um die Beweglichkeit zu erhalten und das Treppensteigen im Haus zu meistern – auch im geistigen Sinne: Geistig fit bleiben fängt mit der Überwindung der körperlichen Passivität an und hört beim Gehirnjogging auf.

Lebensbereich: Familie/Kinder
Von der Beliebigkeit zur Beständigkeit

Die Familien- bzw. Partnerorientierung nimmt – wenn auch vor dem Hintergrund eines sich wandelnden Bildes von „Familie" – in der Gesellschaft deutlich zu. Das gilt „für alle Gesellschaftsschichten".[7] Die Großfamilie als Idyll früherer Zeiten ist jedoch zur Legende geworden. Und auch das Zusammenleben der Großfamilie im gleichen Haushalt ist weder heute noch in Zukunft ein Sehnsuchtsideal. Nicht einmal ein Prozent der Bevölkerung lebt mit drei oder mehr Generationen im gleichen Haushalt, Tendenz eher weiter sinkend. In den letzten zwanzig Jahren ging die Zahl der *Mehrgenerationenhaushalte* rapide zurück. So gibt es aktuell beispielsweise in Wien 440.000 Single-Haushalte (über 40%), in Österreich ist ein gutes Drittel der Haushalte als Singlehaushalte zu bezeichnen.[8] In Hamburg lebt schon mehr als jeder Zweite allein.

Ganz anders sieht es aus, wenn es um *Mehrgenerationenhäuser* geht, um das *Mehrgenerationenwohnen* unter einem Dach (aber jeder für sich in der eigenen Wohnung). Diese Art des Wohnens entspricht vor allem den Wunschvorstellungen der älteren Generation, die nicht allein im Altersheim enden will. Die Mehrgenerationenfamilie lebt vom Kontakt und der Unterstützung auf Gegenseitigkeit.

Zur traditionellen Familie kommt in Zukunft die Wahlfamilie hinzu. Gemeint ist ein freiwilliges Zusammenleben mehrerer Generationen: Eine Haus- und keine Wohngemeinschaft, die sich gegenseitig stützt und unterstützt, die aber, wenn es erforderlich ist, genügend Distanz bewahrt, um die Privatsphäre zu erhalten: Ein *urbanes Lebensmodell* für die wachsende Zahl der Single- und Zwei-Personen-Haushalte, die nicht allein wohnen und leben wollen, verbreitet sich.

Es zeichnet sich ein weiterer stabiler Trend für die nahe Zukunft ab: Die junge Generation bindet sich nicht mehr so früh oder nimmt ganz Abstand von einer verbindlichen Partnerschaft (Heirat). Die überlieferte Lebenserfahrung „Jung gefreit hat nie gereut" gilt nicht mehr. Stattdessen bekommt der Grundsatz *„Drum prüfe, wer sich ewig bindet"* eine immer größere Bedeutung. Als Tendenz ist erkennbar: Immer weniger Bürger werden in Zukunft verheiratet sein. Und nicht nur in Deutschland, Österreich und Italien, auch in den USA wird „*Hotel Mama*" zunehmend Wirklichkeit.

Man muss jungen Menschen allerdings auch raten, ihren Egotrip nicht zu übertreiben. Wer länger lebt als die Generationen zuvor, darf sich zwar für alles länger Zeit lassen, auch für die familiäre Bindung. Dabei sollte man aber immer auch das „ganze Leben" im Auge haben und den Anschluss an die „sozialen Konvois" (vgl. S. 51ff) nicht verlieren.

Vorschnell wird die junge Generation, die flexibel bleiben und sich nicht festlegen will, als *„Generation Beziehungsunfähig"* abgestempelt, so, als ob sie nur an Selbstoptimierung denken würde. Nein, es geht in erster Linie um *Selbstsicherheit* und *Selbstverantwortung* – und nicht um Selbstverwirklichung oder Selbstinszenierung.

Geheiratet wird heute im Durchschnitt sechs Jahre später als noch vor zwanzig Jahren. Auch das Alter der Mütter bei der Geburt des ersten Kindes steigt von Jahr zu Jahr. In dauerhaft unsicheren Krisenzeiten muss diese Generation zwangsläufig ihre verbindlichen Festlegungen im Leben *möglichst lange hinausschieben* – was im Einzelfall auch „St. Nimmerleinstag" bedeuten kann. Beziehungsunfähigkeit aber ist die falsche Diagnose, Bindungsstörung auch. Es gibt viele gute Gründe, sich für *verbindliche Lebensentscheidungen* privater und beruflicher Art Zeit zu lassen.

Es entsteht der Eindruck: Die Sehnsucht nach Beziehungen wächst, die Haltbarkeit von Lebensabschnittbeziehungen hingegen sinkt eher. Andererseits überrascht es, dass einmal geschlossene Ehen im Vergleich zu früheren Jahren wieder *länger* halten. Sie werden in Österreich wie in Deutschland aber *seltener geschlossen*.

Jeder, der heiratet, hofft natürlich, dass seine Ehe hält, bis „dass der Tod sie scheidet". In Wirklichkeit gehen jedoch viele Ehen vorzeitig in die Brüche. Die durchschnittliche Länge einer Ehe in Deutschland liegt bei 14 Jahren – bis zur ersten Scheidung![10] In Österreich halten die Ehen im Durchschnitt sogar nur elf Jahre.[11]

Die größte sozialwissenschaftliche Langzeitstudie in Deutschland, SOEP, weist nach: Anfang der neunziger Jahre war knapp ein Viertel der Bevölkerung „ohne festen Partner". Gut ein Jahrzehnt später gab mehr als jeder Dritte an, „in keiner festen Beziehung" zu leben.[12] Prononciert formuliert: In den letzten zwanzig Jahren hat sich die Zahl der Singles um über fünfzig Prozent erhöht – auch in Folge langer Ausbildungsphasen, unsicherer Jobaussichten und von immer mehr Zeitverträgen, also häufigen Arbeitsplatzwechseln. Mit einem Wort: aus *Planungsunsicherheit.*

Die Folge: Die Verbindlichkeit im Leben geht immer mehr verloren. Nicht selten stellt sich dann ein Trotz-Gefühl ein: Man hat doch Freunde, einen Job und Freude am Leben – „Letztlich brauchst du heutzutage keinen Partner mehr".[13] Mit einer wesentlichen Einschränkung: Auf dem Sterbebett greift die Hand dann ins Leere … Für die fernere Zukunft ist eher zu vermuten, dass drei unerfüllte Sehnsüchte immer wichtiger werden: *Beziehungssehnsucht, Partnersehnsucht, Familiensehnsucht.*

In Krisenzeiten müssen sich die Menschen auf das besinnen, was ihnen Grundgeborgenheit im Leben gewährt und zum persönlichen und sozialen Wohlergehen beiträgt. Die Familie stellt dabei den wichtigsten Wohlstandsfaktor im Leben dar. Die Bevölkerung hält die Familie für das bestimmende Merkmal ihrer Wohlstandswirklichkeit. *Wer gute Kontakte zur eigenen Familie hat und pflegt, fühlt sich wohlhabender als der, der „nur" über Eigentum verfügt.* Sozialer Wohlstand kann materielle Wohlstandsdefizite abfedern und ausgleichen helfen. Dafür spricht auch, dass die Familie nach wie vor der wichtigste „Pflegedienst" im Alter ist. Zwar müssen Kontakte und Beziehungen gepflegt, mitunter auch erarbeitet werden. Dafür aber schützt die Familie vor vielen Armutsrisiken des Lebens und ist mindestens so wertvoll wie eine Geldanlage. Neben dem Beziehungsreichtum trägt die Familie auch materiell zum Wohlstandsleben bei.

In den vergangenen Finanz- und Wirtschaftskrisen haben die Menschen die Erfahrung gemacht, dass es am sichersten ist, sich selbst und der Familie zu vertrauen. Die Familie überlebt alle Krisen. In der Familie fühlt man sich sicher: Sie ist die beste

3. In jedem Alter leben lernen

Lebensversicherung und – im positiven Sinne – billig und barmherzig, sie ist ein „sicherer Hafen". Kinder und Familie sind wieder in, Familie gilt nicht länger mehr als „Auslaufmodell des 20. Jahrhunderts".

Der Familienbegriff hat sich freilich gewandelt. Es gibt Eltern-Kind-Familien, Regenbogenfamilien, Generationenfamilien, Patchwork-Familien, es gibt Stiefeltern, Leihmütter und Scheinväter. Hinzu kommen soziale Elternschaften und Familien jeder Art, die füreinander sorgen, aber nicht miteinander verwandt sind. Eingetragene Partnerschaften, gleichgeschlechtliche Beziehungen und mögliche Adoptionen müssen in erster Linie selbstbewusst, aber auch verantwortungsvoll eingegangen werden. Die Beurteilung von „außen", durch die Gesellschaft, wird weniger wichtig als die Erkenntnis der notwendigen Eigenverantwortung. Mit mehr Chancen und Rechten gehen bei diesem neuen Familienbegriff und beim damit verbundenen Familienleben auch mehr Risiken und Pflichten einher.

Es verstärkt sich jedenfalls das Bedürfnis nach Halt, Heim und Heimat. Die Familie – in welcher Form auch immer – garantiert Ansehen und soziale Sicherheit, etwas, was kein Prestigeberuf und auch kein Sozialstaat bieten kann. Zugleich verändert sich das Familienverständnis: Es geht nicht nur um die Kinder. In Skandinavien wird z.B. immer öfter erst dann geheiratet, wenn die Kinder aus dem Haus sind – als Zeichen dafür, dass man *im Alter füreinander Verantwortung übernehmen* will.

Es wächst die Sehnsucht nach Stabilität und Sicherheit, Geborgenheit und Zusammengehörigkeit, aber auch der Mut zu dauerhaften Bindungen. Und weil mittlerweile *Verlässlichkeit in der Beziehung mehr zählt als Freiheit* und *Liebe höher bewertet wird als Loyalität,* wird die Familie als das Wichtigste im Leben angesehen. Auf sie ist in Notzeiten Verlass, weil Beständigkeit – und nicht Beliebigkeit – Zusammenhalt garantiert. Vertraut und verlässlich in jeder Lebenssituation: das ist für viele die Familie im 21. Jahrhundert. Die Bürger „schwören" geradezu auf sie. Auch und gerade die jungen Generationen stimmen wieder in das Hohelied auf die Familie ein. 80 Prozent der 14- bis 34-Jährigen halten die Familie für das Wichtigste im Leben. Gleichzeitig wird die Berufstätigkeit beider Elternteile zur existenziellen Norm. Die Ermöglichung der Vereinbarkeit beider Lebensbereiche – Berufs- und Privatleben – ist daher aus Bevölkerungssicht eine der aktuellen Hauptaufgaben der Politik. Dieser Wunsch nach Vereinbarkeit kann sich aber nicht nur darauf beziehen, dass beide Elternteile berufstätig sein können (müssen). Das könnte sich am Ende sogar als familiäres Dilemma erweisen.

Besonders zu beachten wird dabei sicher die (neue) Rolle der Frauen sein. Eine wirklich fortgeschrittene Gesellschaft muss den Frauen die Entscheidung freistellen, ihre Kinder in den ersten Lebensjahren selbst zu betreuen oder bald nach deren Geburt wieder in den Beruf einzusteigen. Für *beide* Fälle müssen *Mittel und Wege* bereitgestellt werden. „Diese Positionen gegeneinander auszuspielen ist ebenso falsch, wie diese Rolle nicht *im gleichen Maße und Sinne* auch für Männer vorzusehen.[14]

In Zukunft wird es vermehrt Tages-, Wochen- und Saisonkrippen geben müssen, damit die Eltern problemlos ihrer Doppelerwerbstätigkeit nachgehen können. Auf diese Weise werden die Kinder fast rund um die Uhr von staatlichen Institutionen (und nicht von den Eltern) sozialisiert. Säuglinge und Kleinkinder sind dann von Montag bis Freitag in Wochenkrippen untergebracht. Frankreich ist z.B. in dieser Hinsicht wegweisend.

Die Frage nach den Folgen eines Primats der Krippenerziehung vor der Familienerziehung ist noch weitgehend ungeklärt. Wie entwickelt ist das Bedürfnis der Krippenkinder nach Nestwärme? Wie hoch ist ihr Selbstständigkeitsgrad ausgeprägt? Wo und wie können sie das Sozialverhalten im engen familiären Umfeld erlernen? Da es weniger feste Bindungen an familiäre Personen gibt, ist die *Bindungsfähigkeit* von Krippen-Kindern möglicherweise weniger stark ausgeprägt. Gibt es dann auch weniger Verlässlichkeit und Verantwortung in den sozialen Beziehungen? Weil sich selbst die Experten über diese Frage oft nicht einig sind, ist die selbstbewusste Entscheidungsfreudigkeit der Eltern stärker gefragt. Emotion und Hausverstand sind dabei nicht die schlechtesten Ratgeber.

Familienleben ist zum Synonym für erfülltes Leben geworden. Die Familie ist ein Leitbild des Lebens. Bereits vor über einem Jahrzehnt hatte die 15. Shell Jugendstudie einen grundlegenden Wertewandel registriert: Die Familie sei wieder „eine unverrückbare Größe" in den Lebensvorstellungen der jungen Generation – und das über alle sozialen Gruppen hinweg. Man müsse jetzt und in der nächsten Zukunft keine „Sorge vor dem Verfall" der Familie mehr haben.[15] Die Renaissance der Familie hält an, auch wenn die *Realität zerrütteter Familien* manchmal ein ganz anderes Bild abgibt. Solche Schwierigkeiten ändern am gesellschaftlichen Leitbild nichts.

Familienbeziehungen können nicht länger auf eine Art Übergangsphase reduziert werden, die mit dem Auszug der Kinder aus dem gemeinsamen Haushalt beendet ist. In Wirklichkeit beginnt doch erst dann ein differenziertes Beziehungsnetz von regelmäßigen Kontakten und Besuchen sowie gegenseitiger Unterstützung und Hilfe. Trotz vielfältiger sozialer Neuerungen und Beziehungen bleibt *die Familie das Grundmodell für gelebten Gemeinsinn.* Die Aufgabe ist es, daran zu arbeiten!

Die Menschen praktizieren Familiennähe, wo und wie sie nur können: Für gut ein Drittel der Bevölkerung sind die *Eltern in wenigen Minuten erreichbar,* weil sie entweder im selben Haus bzw.

46

Haushalt oder am gleichen Ort wohnen. Dies trifft insbesondere für Bewohner auf dem Land zu, die auf eine höhere „In-wenigen-Minuten-Erreichbarkeit" verweisen können als Großstädter.

Bemerkenswert ist ebenso die Tatsache, dass deutlich mehr Männer als Frauen ihre Eltern in erreichbarer Nähe haben. Etwa jeder vierte Ältere über 50 Jahre in Deutschland wohnt im gleichen Haus bzw. mit mindestens einem der Kinder unter einem Dach. Die Altersforschung spricht in diesem Zusammenhang von einer „*Beinahe-Koresidenz*".[16] Gemeint ist das Zusammenwohnen im gleichen Haus, aber in getrennten Haushalten. Bei Hilfsbedürftigkeit kann die Familie schnell zur Stelle sein. Das familiäre Beziehungsnetz lebt – auch unabhängig von der räumlichen Entfernung. Das *Telefonnetz* (einschließlich Internet) bildet dabei die wichtigste Kontaktbrücke.

Vor dem Hintergrund stetig wachsender Lebenserwartung suchen sich die Menschen einen neuen Lebenssinn auch jenseits von Erwerbsarbeit und Geldverdienen. Sie schaffen sich selbst Herausforderungen, in denen sie Leistungen im Leben erbringen und Erfolgserlebnisse haben können: *Familienarbeit ist eine alternative Beschäftigungsmöglichkeit,* die sinnvoll ist und Spaß macht. Viele werden aktiv – auch ohne Bezahlung. Denn: *Nach der Erwerbsarbeit ist die Lebensarbeit nicht zu Ende.* Arbeit wird neu definiert: Erwerbsarbeit bringt Geld, Familienarbeit spart Geld. Genau genommen „bringt" die Familie auch Geld. Die wichtigste Einkommensquelle – neben dem Arbeitseinkommen – ist nicht die Rente oder Pension, sondern die Familie. Die Familie erbringt eine *doppelte Vorsorgeleistung* – eine Kapitalvorsorge und eine Sozialvorsorge. So gesehen erweist sich die Familienförderung als die *beste Zukunftsvorsorge* der Gesellschaft. Während sich die gesetzliche Rente bzw. Pension zurückentwickelt, nimmt die *Familie als verlässliche Vollversicherung* ihren Platz ein.

Für die nächste Generation wird die Familie kein Auslaufmodell und „Konsum *oder* Kind" keine wirkliche Alternative mehr sein. Wenn sich die Mentalitätsänderungen der jungen Generation weiter stabilisieren, wird sich diese sukzessive *vom Singledasein und der Kinderlosigkeit verabschieden.* Dieser grundlegende Einstellungswandel wird sich natürlich nur langsam vollziehen und nicht gleich von heute auf morgen demografische Veränderungen zeitigen. Wichtig wird es allerdings für junge Menschen sein, sich mit dieser Entwicklung eingehender auseinanderzusetzen.

Das Gerede von der „alternden Gesellschaft" haben wir in unseren Publikationen mehrfach kritisiert. Es ist ein ungeheurer Fortschritt, dass Menschen länger leben und auch länger leistungsfähig sind. Wir „leiden" nicht an einer Überalterung der Gesellschaft, sondern an ihrer „Unterjüngung". Junge Paare werden durch die politischen Rahmenbedingungen kaum mehr ermuntert, „Kinder in die Welt zu setzen". Für sie und dann später für ihre Kinder „wird viel zu wenig getan. In jeder Hinsicht!"[17]

Die Familie von morgen ist darüber hinaus nicht mehr nur ein Ort, „wo Kinder sind". *Die Familie ist eine Gemeinschaft mit starken Bindungen, in der mehrere Generationen füreinander sorgen* und wo Sicherheit und Verlässlichkeit, Zusammenhalt und Geborgenheit gelebt werden können. Die Generationen innerhalb der Familie können sich ein Leben lang helfen.

Eine *neue Lebensqualität,* die in den Wohlstandszeiten der vergangenen Jahrzehnte nicht im Blickpunkt stand, kommt auf uns zu: *der Generationenzusammenhalt, die Solidarität der Generationen.* Der demografische Wandel in Verbindung mit unsicheren Krisenzeiten hat zu einer grundlegenden Bedeutungsaufwertung der Generationenbeziehungen zwischen Enkeln, Kindern, Eltern und Großeltern geführt. In der Tendenz zeichnet sich ein *Wandel zur Mehr-Generationenfamilie* ab.

DER GENERATIONENRATGEBER

2. Lebensbereich: Familie/Kinder

Empfehlungen für die Generation Zukunft

Für die junge Generation ist die Familie immer da, wenn man sie braucht: Sie fördert und finanziert, sie begleitet und macht Mut, sie hilft, berät und bietet einen schützenden Rahmen. Diese Unterstützung bekommt man aber nicht geschenkt. Man muss die Beziehungsleistungen auch dankend annehmen und mit Respekt und Anerkennung beantworten können, ohne gleich aufrechnen zu müssen. „Bitte" und „Danke" erleichtern das Zusammenleben.

Empfehlungen für die Generation Lebensplaner

Eltern und Großeltern haben es über Jahre vorgelebt: Bei fast Null beginnen, selbst initiativ werden und nicht nur auf den Anstoß von außen warten. Kurz: das eigene Leben planen – beruflich und privat. Selbst Mut zum Unternehmergeist haben, schon auf Nummer sicher gehen, aber auch Lebensrisiken eingehen, ohne gleich an die finanzielle Absicherung zu denken. Im Zentrum sollte die persönliche Lebenserfüllung stehen – von der Familiengründung bis zum eigenen Kinderwunsch. Gleichzeitig „Kind" und „Eltern" zu sein, ist die verlässlichste Lebensschule.

Empfehlungen für die Generation Best Ager

Die Mitte des Lebens ist überschritten und der Höhepunkt des Lebens erreicht. In dieser Lebensphase kann man sich den Luxus leisten, finanziell weitgehend abgesichert im Zeitwohlstand zu leben und den Beziehungsreichtum der Familie zu genießen. Für Familie und Kinder da zu sein, wird jetzt als Glücksfaktor empfunden. Vom Stress und den Opfern in der Phase der Familiengründung befreit, kann die Generation Best Ager jetzt die Sinngebung des Lebens erfahren. Von den Jungen lernen, wird zu einer großen Bereicherung, ist gleichermaßen Recht wie Pflicht.

Empfehlungen für die Generation Lebenserfahrene

Diese Generation will nachhaltig für sich und die kommenden Generationen leben. Sie hat im Leben Erfahrungen gesammelt, will sie weitergeben und das Erreichte erhalten. Mit ihrer Lebenserfahrung sorgt sie für den sozialen Kitt im Generationengefüge. Sie muss daran interessiert sein, die Gemeinsamkeiten von Jung bis Alt innerhalb der Familie weiterzuentwickeln.

Empfehlungen für die Generation Beziehungsförderer

Dies ist die erste Generation im 21. Jahrhundert, die in Kriegszeiten aufgewachsen ist und die Nachkriegszeit-Segnungen von wachsendem Wohlstand und sozialem Fortschritt in Frieden und in Freiheit genießen kann. Zudem beschert ihr die stetig wachsende Lebenserwartung ein Lebensalter von über 80 Jahren – eine Erfahrung, die früher nur wenige machen konnten. Diese Generation Beziehungsförderer lebt pionierhaft eine neue Mehr-Generationengesellschaft vor. Sie muss dafür sorgen, dass die Generationen durch ein intensives Beziehungsgeflecht zusammengehalten werden.

Lebensbereich: Freunde/Nachbarn
Soziale Konvois als lebenslange Begleiter

Nicht in allen Familien verläuft das Zusammenleben so (relativ) harmonisch wie im vorangegangenen Kapitel dargestellt. Viele sehnen sich danach, manchen gelingt es trotz intensiver Bemühungen nicht. Und schuld sind dann meist die anderen ... Zum Glück hat man im Leben oft eine zweite Chance! Zur Familie gesellt sich daher als wichtige Zukunftsaufgabe bzw. „-investition", insbesondere für die zweite Lebenshälfte, die Pflege des Freundeskreises.

Der Freundeskreis hat in den letzten Jahren deutlich an sozialer Bedeutung gewonnen. Die Menschen wollen systematisch den Kontakt mit Freunden pflegen – nicht nur aus Freude am geselligen Leben, sondern auch und gerade mit dem Gedanken, dadurch etwas Dauerhaftes für das ganze Leben zu schaffen, das sich im Alter vielleicht sogar „auszahlt". Bei aller Freundschaft spielen auch *rationale Erwägungen eine nicht unbedeutende Rolle*. Die größte Bedeutung hat der Freundeskreis naturgemäß für kinderlose Paare.

Die systematische Pflege der Kontakte zu Familie, Freunden und Vereinen sowie die Fähigkeit, sich selbst zu beschäftigen, werden die wichtigsten *mentalen und sozialen Vorsorgemaßnahmen* für das Alter sein. Insbesondere ältere Menschen müssen in Zukunft mehr als bisher kompetent und in der Lage sein, sich eigenständig soziale Netze aufzubauen. Denn vor dem Hintergrund schrumpfender familialer Netze können in der Folge auch die Verwandtschaftskontakte abnehmen. Es wird daher unerlässlich sein, das natürliche Hilfspotenzial zu aktivieren, damit *Freunde als Vertraute, Ansprechpartner und auch freiwillige Helfer* gewonnen werden können. Mit dieser „Zukunftsarbeit" muss man rechtzeitig beginnen. Andernfalls bleibt man allein.

51

Gestützt und unterstützt wird auf diese Weise eine neue Solidarität durch das soziale Netzwerk von Freunden, Bekannten und Nachbarn auf der Basis von Freundschaft und Hilfsbereitschaft. Mit zunehmendem Alter werden vor allem die Nachbarn im unmittelbaren Wohnumfeld bedeutsam. Sie ermöglichen eine *Hilfsbereitschaft der kurzen Wege.* Und sie beruhen auf Gegenseitigkeit. Die Erkenntnis setzt sich durch: Der Solidarische muss nicht „der Dumme" sein.

Die Bürger distanzieren sich zunehmend von der „Egoismus-Falle"[18], von der Ideologie des aufgeblähten Selbst und von den wir-losen Ichlingen. Das Ego reicht als Sinnquelle des Lebens nicht (mehr) aus. Zugespitzt gesagt: Die Nabelschnur wird wieder wichtiger als die Nabelschau. Deutlich geht dies aus den Antworten auf die Frage hervor, was in Zukunft wichtig und wertvoll sein soll: *Hilfsbereitschaft und Freundschaft stellen neben der Gesundheit die persönlich wichtigsten Werte der Zukunft dar.*

Freundschaft ist eine wertvolle Beziehung, die man nur mit ganz wenigen Menschen haben kann, weil sie auf gemeinsamen Interessen und Erfahrungen beruht und gegenseitiges Vertrauen und Verstehen beinhaltet. Sie muss daher von Jugend auf gepflegt werden. Natürlich sind Freunde im Notfall auch dann zur Stelle, wenn man sie braucht. Wirkliche Freundschaften behalten ihre Bedeutung bis ins hohe Alter. Sie entstehen aber nur selten erst im höheren Alter. *Der Freundeskreis wird zur zweiten Familie,* der regelmäßig Freundschaftsdienste leistet – von der Kinderbetreuung über die Wohnungsrenovierung bis zur Hilfe beim Hausbau. Nicht selten wird er auch zur Ersatzfamilie – mit durchaus familiärer Bindung.[19]

Freunde fungieren als *soziale Konvois,* die uns ein Leben lang als Weggefährten begleiten. Dazu zählen auch die Nachbarn. Nachbarschaftspflege statt Nachbarschaftskonflikte: Diese Grundlage für Lebensqualität im Alltag muss man lernen und dann auch pflegen. Ein gut gemeinter Rat: Wirf, wenn irgend möglich, nie den ersten Stein!

Die Menschen machen die Erfahrung des Aufeinander-ange-wiesen-Seins – auch und gerade in der näheren Nachbarschaft: von der Urlaubsbetreuung des Hauses und der Haustiere über die Gartenarbeit bis hin zur Hilfe beim Umzug. *Die überwie-gende Mehrheit der Bevölkerung leistet durchaus gerne Nachbar-schaftshilfen.* Solange sich Menschen umeinander kümmern und sorgen, lebt die Solidarität als Bürgerselbsthilfe, ohne auf den Staat angewiesen zu sein. Ehrenamtliche Tätigkeiten im Verein, in Kirche und Gemeinde, in sozialen Institutionen oder in Parteien und Gewerkschaft haben nur mehr eine marginale Bedeutung. Gelebte Solidarität im Sinne von praktizierter Hil-feleistung wird bei der Bevölkerung mehr im Nahmilieu von Familie/Verwandten, Freunden/Bekannten und Nachbarn statt-finden. Dort ist der Erfolg, der Lohn für den Einsatz auch eher garantiert.

Das soziale Netz ist weit gespannt. Wenn es persönliche oder innerfamiläre Probleme gibt, dann werden häufiger als gedacht Hilfeleistungen für Verwandte, Freunde und Nachbarn erbracht. Alltäglich gepflegte Kontakte erweisen sich als tragfähige Brücke auf dem Weg zu einem stabilen sozialen Netz. Eine Politik, die größeren Wert auf Selbstverantwortung und Eigeninitiative legt, sollte daher mehr Anlässe und Gelegenheiten für *Hilfeleistungen in informellen Lebensbezügen* fördern. Das ist von uns auch ein-zufordern. Niemand wird dabei ‚einverleibt‘ oder ‚in die Pflicht‘ genommen. Die informelle Hilfeleistung ist freiwillig und zwanglos.

In Wissenschaft und Forschung galt „Nachbarschaft" bisher als ein vielstrapazierter Begriff. Meist ideologisch überfrachtet, sollte er für den Ausgleich struktureller Defizite im modernen Wohnungs- und Städtebau herhalten: Nachbarschaftliche Kontakte entstehen durch Nebeneinanderwohnen, durch Begegnungen im Flur, auf der Treppe oder vor der Haustür, im Hof oder Garten, im Austausch von Begrüßungsformeln und Neuigkeiten, beim Einkaufen im Laden oder beim Spaziergang auf der Straße.

Es gilt aber auch zu bedenken: Nachbarschaftliche Kontakte entstehen gleichermaßen aus Konflikten, aus Ärger und Streit. Kinder und Lärm sind ebenso Ursachen nachbarschaftlichen Ärgers wie Neid, üble Nachrede, Gehässigkeiten und Einmischen in private Angelegenheiten.

Es ist unsere Aufgabe, „Nachbarschaftspolitik" ohne Vorgaben von Parteiprogrammen selbst zu gestalten. Hier sind wir für die Maßnahmen selbst verantwortlich. Eine der großen Zukunftschancen!

Bisher wurde Lebensqualität daran gemessen, ob die Wohnung maximale Abgeschiedenheit, Sicherheit (vor Eindringlingen), Schutz (vor Nachbarblicken) und Reizarmut (keine Kinder in der Nähe, gute Geräuschisolierung) gewährt und garantiert. Als Ersatz für die Abriegelung nach außen galt der Konsumreichtum von innen: Die Wohnung wurde zur Konsumfläche umgestaltet. Der kleinfamiliäre Privatismus regierte.

Die Wohnung verliert in Zukunft ihren Inselcharakter, weil nachbarschaftliche Kontakte wichtiger werden. Nachbarn, Freunde und Bekannte werden als *soziale Netzwerkpartner* immer wertvoller. Obwohl diese Kontakte freiwillig eingegangen werden, also jederzeit aufkündbar sind, zählen sie zu den stabilsten Beziehungen im Lebenslauf. Sie haben langjährige Bedeutung – vor allem, wenn ihnen gemeinsame Aktivitäten und Interessen zugrunde liegen. Soziale Konvois übernehmen in der Regel keine Pflegeleistungen. Aber sie tragen durch ihre *Besuchs- und Betreuungsleistungen* wesentlich zur Verbesserung der Lebensqualität bis ins hohe Alter bei.

Soziale Konvois sind generationenübergreifend angelegt. Aus den regelmäßigen Kontakten wird ein beziehungsreiches Aufeinander-angewiesen-und-füreinander-da-Sein. Diese *Beziehungsqualität* schließt spontane Telefonate ebenso ein wie regelmäßige Besuchskontakte sowie materielle und immaterielle Unterstützungsleistungen. Freundschaft zwischen den Generationen wird zu einer *neuen Beziehungsqualität* – auch über größere räumliche Entfernungen hinweg. Befreit von der Erziehungs-, Betreuungs- und Pflegelast werden soziale Konvois zu Verlässlichkeitspartnern. Lebensgemeinschaft wird neu definiert: Wahlfamilien und Wahlverwandtschaften werden immer wichtiger.

Der Wert der Nachbarschaft wird auch deswegen wiederentdeckt, weil uns die Politik mit unseren Alltagssorgen zunehmend allein lässt und wir immer mehr aufeinander angewiesen sind. Wer im eigenen Haus wohnt, auf dem Land lebt und mit zunehmendem Alter der Unterstützung bedarf, weiß dies besonders zu schätzen. *Zusammenhalt durch Zusammenrücken: Das Comeback der guten Nachbarn sorgt für Sicherheit im Alltag.* Insbesondere Alleinstehende und Alleinlebende wissen gute Nachbarschaftsbeziehungen zu schätzen. Ohne den Rückhalt von Familienangehörigen in Haus und Wohnung sind sie auf die Hilfe der Nachbarn angewiesen. Freunde und Nachbarn agieren als soziale Konvois nach dem Prinzip: *Mir wird geholfen, wenn ich auch anderen helfe.*

DER GENERATIONENRATGEBER

3. Lebensbereich: Freunde/Nachbarn

Empfehlungen für die Generation Zukunft

Für diese Generation sind „Freunde" und „Leben" fast dasselbe. Selbst virtuelle Freundschaften haben für sie reale Bedeutung – sie geben Halt und Rückhalt. Dies ist kein einseitiger Kommunikationsprozess. Jede(r) in dieser Altersgruppe muss lernen, voraussetzungslos zu geben und nicht nur zu nehmen, entgegenzugehen und nicht nur darauf zu warten, dass andere auf einen zukommen. „Für meine Freunde bin ich immer da, für sie tu ich fast alles", lautet eine Regel fürs Leben. Die Emanzipation vom Elternhaus beginnt mit dem Verständnis für Freunde.

Empfehlungen für die Generation Lebensplaner

In dieser Lebensphase werden Stabilität und Sicherheit gesucht. Zu groß sind die Risiken des Lebens beim Start-up: Alles steht zur Disposition. Da braucht es verlässliche Leitplanken – freundliche Nachbarn bei der gelegentlichen Kinderbetreuung, gute Freunde und Helfer beim Umzug oder Berater in beruflichen und privaten Entscheidungsprozessen. Wer Freunde von beruflichen Zweckgemeinschaften unterscheiden kann, ist auf dem richtigen Weg.

Empfehlungen für die Generation Best Ager

Sie gelten als Zeit-Millionäre. Sie haben Zeit zum Leben mit Freunden. Gerade deshalb muss diese Generation die Zeit nutzen: Carpe diem – nutze die Zeit. Genieße sie aber auch. Die Freundschaftskontakte müssen gepflegt und die Beziehungen systematisch erarbeitet werden. Sie sollen schließlich zwanzig, dreißig Jahre halten und standhalten. Die Nach-Vierziger-Jahre zählen zu den kontaktreichsten Lebensjah-ren: Best Ager ist man nur einmal im Leben. Danach wird es spürbar schwerer, neue Kontakte zu knüpfen.

Empfehlungen für die Generation Lebenserfahrene

Die Generation Lebenserfahrene pflegt systematisch die Kon-takte zu den „netten" Nachbarn, weil sie weiß, dass sie in den nächsten Jahren immer öfter auf sie angewiesen sein wird. Sie machen Freundeskreis und Nachbarschaft zu einer Art zweiten Lebensgemeinschaft. Wer soziale Geborgenheit im höheren Alter nicht verlieren will, kann dies nicht dem Zufall überlassen. Freunde und Nachbarn werden zu einer auf Gegenseitigkeit beruhenden Gemeinschaft. Sie können die Familie nicht erset-zen, wirken aber wie eine Absicherung des Lebens, wie eine Lebensversicherung, die mit Geld nicht zu bezahlen ist. „Leben und leben lassen", muss die Devise sein. Die eigene Lebenser-fahrung darf nicht immer Maßstab für alle anderen sein!

Empfehlungen für die Generation Beziehungsförderer

Nachsicht und Toleranz sind die Bausteine für das Lebensglück im hohen Alter. Wer so lange lebt, braucht die Wahlfamilie der Freunde und Nachbarn, die „zur Not" da sind, wenn man sie braucht. In diesem Alter will man nicht immer der eigenen Familie zur Last fallen. Die Beziehungsverwandtschaft mit Nachbarn und Freunden erweist sich als gelungene Alterna-tive zur Einweisung ins Heim. Sie gibt das Gefühl, nicht allein zu sein. Zusammenhalt durch Zusammenrücken ist das Erfolgsre-zept für ein langes Leben. Mit zunehmendem Alter wächst der Wert der Nachbarschaft und des Freundeskreises. Mit dem Aufeinander-angewiesen-Sein und dem Zusammen-Halt be-kommt das Leben etwas Dauerhaftes und Verlässliches.

Lebensbereich: Beruf/Ausbildung
Vom Arbeitnehmer zum Lebensunternehmer

Ein *Ende der klassischen Arbeitsbiografie* zeichnet sich ab, weil keine lebenslange Anstellung mehr gewährleistet ist. Den Mitarbeitern wird offen und deutlich gesagt, dass ein Job nicht mehr ein Arbeitsleben lang garantiert werden kann. Darauf muss sich die Generation der Jungen einstellen und vorbereiten. Unternehmen bieten daher „ein ganzes Mosaik von Möglichkeiten, um den Wechsel erträglich zu machen" (Deutsche Bank). Für die verbleibenden Vollzeitbeschäftigten werden gleichzeitig Arbeitstugenden wie Pünktlichkeit, Ordnung, Disziplin und Zuverlässigkeit gefordert – ob am Computer, im Cockpit, im Genlabor oder in der Schaltzentrale. Zugleich werden immer mehr Fähigkeiten verlangt, die ständig neu kombiniert und gesteigert werden müssen.

Wie viel Arbeit braucht der Mensch?, fragte schon Anfang der Achtzigerjahre die österreichische Sozialforscherin Marie Jahoda. Diese Frage ist heute offener denn je. Die westlichen Industriegesellschaften stehen vor ihrer größten Herausforderung seit einhundert Jahren.

Wagen wir einen kleinen Zeitsprung: Wien, 21. März 2028. Der Manager Florian Alexander unterbricht seine Arbeit am Laptop und geht zur Internetkonferenz. Teilnehmer der Konferenz sind Kollegen aus Brüssel, Budapest und New York, die via Skype zugeschaltet sind. Danach begibt sich Florian in die Recreation Lounge des Bürogebäudes zum Fitnesstraining. Anschließend duscht er und trinkt einen Espresso im Casino … So abwechslungs- und erlebnisreich stellen sich „Technologen" einen typischen Berufsalltag in der Zukunft vor: Abschied von starren Arbeitszeiten, flexible Teams, flache Hierarchien und eine Lebensbalance zwischen Berufs- und Privatleben. Die Vereinbarkeit von

Beruf und Familie ist den Menschen nach der Gesundheit, einem intakten Familienleben und verlässlichen Freunden das wichtigste Anliegen: Lebensbalance, in der Arbeit und Freizeit, Beruf und Privatleben zusammenwachsen. Viele Bürogebäude sollen dann eine eigene Piazza haben mit Kiosk, Blumenladen, Friseur und Reiseberatung. Ist das die berufliche Realität von morgen? Wir meinen: bestenfalls teilweise. Auch in Zukunft wollen junge Aufsteiger Wurzeln schlagen, das Job-Hopping-Dasein aufgeben und den Arbeitsplatz wie ein Stück „zweites Zuhause" erleben. Die Rolle des Global Players und Jobnomaden eignet sich für die meisten Beschäftigten nicht als Dauerzustand.

Sinn in und Freude an der Arbeit zu haben sind die entscheidenden Komponenten der Zufriedenheit am Arbeitsplatz. Das Gehalt bleibt wichtig, ist aber nicht das allein entscheidende Kriterium der Jobzufriedenheit.

Für die Zukunft ist absehbar: Für die privilegierten Vollzeitbeschäftigten wird die Arbeit immer intensiver und konzentrierter, zeitlich länger und psychisch belastender, dafür aber auch – aus der Sicht der Unternehmen – immer produktiver und effektiver. Die immer noch aktuelle Arbeitsformel für die Zukunft lautet: 0,5 x 2 x 3, d.h. die Hälfte der Mitarbeiter verdient doppelt so viel und muss dafür dreimal so viel leisten wie früher.[20] Die Frage, die sich aufdrängt: Was geschieht mit den anderen 50 Prozent?

Die ständige Produktivitätssteigerung bewirkt, dass immer weniger Mitarbeiter immer mehr arbeiten und leisten müssen. Mit der Verwirklichung der Arbeitsformel 0,5 x 2 x 3 ist schon in den Neunzigerjahren begonnen worden. Die Deutsche Bahn hatte beispielsweise 1994 über 500.000 Mitarbeiter – zehn Jahre später nur mehr knapp die Hälfte (2004: 240.000) – und das bei erhöhter Produktivität.

Der Übergang in eine Gesellschaft, deren Arbeitsmarkt von der *personenbezogenen Dienstleistung* geprägt sein wird, ist in vollem Gange. Die Zukunft der Arbeit ist vor allem dadurch gekennzeichnet, „dass viele etwas ganz anderes tun werden".[21] Die Digitalisierung wird alle Lebensbereiche durchdringen, die Industrie 4.0 die Wirtschaft grundlegend verändern. Wenn menschliche Arbeitskraft in Produktion, Vertrieb und Verkauf nicht mehr gefragt sein wird, werden neue Arbeitsplätze vor allem im Bereich der Dienstleistungen entstehen. „Die Dienstleistungsgesellschaft ist ebenso Faktum wie die Digitalisierung. Beide bedingen einander sogar gegenseitig."[22]

Gary Coombe, der Präsident von Procter & Gamble Europe, kam im Januar 2017 nach der Teilnahme am World Economic Forum in Davos mit den Worten zurück: „Eine neue Generation von leidenschaftlichen Digital Natives, denen ihr Umfeld extrem wichtig ist, wartet darauf, unsere Unternehmen in eine neue Welt der Möglichkeiten zu führen. Wir sollten ihnen dabei helfen und ihnen nicht im Weg stehen. Gute Führungskräfte schauen immer mit einem Auge auf heute und mit dem anderen auf morgen."[23]

Ebenso werden Google-, Apple- und Amazon-Welten sicher das künftige Gesicht der Arbeitswelt von morgen prägen – aber eben nicht auf den Kopf stellen. Ein Beispiel hierfür ist „EWA", das Elektronikwerk Amberg in der Oberpfalz. Hier steuern die Produkte ihre Herstellung selbst: Drei Viertel der Produktion werden mittlerweile von Robotern, Computern und Maschinen erbracht. Und dennoch: Die *Mitarbeiterzahl ist unverändert.* Die denkende Fabrik lässt die Produktivität explodieren, macht aber die Mitarbeiter nicht arbeitslos, macht sie eher frei für neue Aufgaben. So ist auch die Digitalisierung Anlass für Pragmatismus und kein Grund für entweder Euphorie oder Pessimismus.

Wenn Roboter Einzug in die Arbeitswelt halten, soll fast jeder zweite Arbeitsplatz gefährdet sein. Diesen Eindruck vermitteln alarmistische Meldungen in der öffentlichen Diskussion – wobei es sich freilich nur um kaum konkret nachweisbare Annahmen handelt.

Roboter müssen den Menschen aber nicht zwangsläufig Arbeitsplätze rauben. Und die Digitalisierung führt nicht automatisch zum Personalabbau. Eine vom IAB, dem Nürnberger Institut für Arbeitsmarkt- und Berufsforschung 2017 durchgeführte Befragung in 12 000 Betrieben weist nach, dass die Digitalisierung entgegen den weit verbreiteten Befürchtungen nicht zu einem Personalabbau führt. Arbeitsplatzverluste und Neueinstellungen halten sich dann die Waage,[24] wenn der Weg in die „Dienstleistungsgesellschaft" konsequent durchdacht und beschritten wird. Und wenn sich die Arbeitnehmer der Zukunft selbst in ihren Ausbildungswegen an diese Entwicklung anpassen. Diese notwendige Erkenntnis der jungen Menschen und ihrer „Ausbildner" ist freilich eine Grundvoraussetzung für den möglichen Erfolg.

Durch die Vernetzung von Produktions- und Dienstleistungen verändern sich nämlich die Anforderungen an die Mitarbeiter. Es werden mehr soziale und kommunikative Fähigkeiten gefordert, aber auch mehr Flexibilität. Die Folgen: erhöhter Termindruck und mehr Überstunden sowie häufig wechselnde Aufgaben und Arbeitszeiten. Die Grenzen zwischen Berufs- und Privatleben verschwimmen zunehmend. Ein Gefühl von „Niemehr-Feierabend" kann dann aufkommen. Das gilt es zu erkennen und dementsprechend gegenzusteuern.

Die OECD rechnet, bisher allerdings ebenfalls ohne wirkliche Belege, derzeit allenfalls mit zwölf Prozent der Arbeitsplätze, die durch Digitalisierung und Automatisierung gefährdet sind. In diese Richtung zielen die Berechnungen in der aktuellen Studie

„Robots and Jobs" der Ökonomen Daron Acemoglu und Pascual Restrepo.[25]

Die Stellenverluste gehen vor allem zu Lasten mittelmäßig gebildeter Männer, also der Beschäftigten, die immer unzufriedener werden und entscheidend dafür waren, dass Donald Trump als Präsident in den USA gewählt und der „Brexit" Wirklichkeit wurde. In den USA gilt aktuell jedenfalls folgender Erfahrungswert:[26] Für zwei Stellen, die wegen Robotern verlorengehen, entsteht eine neue Stelle in einer anderen Branche.

So wird zum Beispiel der *Megamarkt Gesundheit* einschließlich Pflege, Reha, Wellness und Gesundheitssport in den nächsten Jahren zu einem starken Wachstumsmotor werden, größer als die Automobilindustrie und vor allem personalintensiver. Rund sieben Millionen Beschäftigte zählt die Gesundheitsbranche. Der demografische Wandel beschleunigt diesen Expansionsprozess.

Die (neue) Dienstleistungsgesellschaft ist aber keine Dienstbotengesellschaft. In Zukunft wird zu guter Letzt mehr "High touch" als "High tech" gefragt sein. Die Komponenten der Dienstleistung werden wertschöpfend weit in die Bereiche Industrie, produzierendes Gewerbe und Handwerk hineinreichen.

Es geht bei dieser Entwicklung nicht um „dienen", sondern um wissen, informieren, lehren, beraten, betreuen, erklären, helfen, pflegen, organisieren, sich um etwas kümmern, Probleme lösen, für andere da sein … auf relativ (!) hohem Ausbildungsniveau. Der Mensch im Mittelpunkt, als Kundin oder Kunde und als Mitarbeiterin oder Mitarbeiter: Die personenbezogene Dienstleistung wird zum wichtigen Wertschöpfungsfaktor, zur grundlegenden Ressource für die Wirtschaft, zum Potenzial für den Arbeitsmarkt und zur Jobchance für den Einzelnen. Grundlagen dafür sind: Onlinekompetenz sowie Planungs- und Organisationskompetenz auf der Basis von persönlicher Informations-kompetenz.

Für die Aus-, Fort- und Weiterbildungen wird die Persönlichkeitsentwicklung wichtiger – getragen von Fähigkeiten und Kompetenzen wie:

- Empathie
- Verständnis für den *tatsächlichen* Informationsbedarf
- Umgang mit Emotionen
- Selbstwertgefühl und Bereitschaft zu Extrovertiertheit
- respektvolle Umgangsformen, angemessenes Auftreten
- Kommunikationskompetenz (Rhetorik, Körpersprache, Präsentation)
- Konfliktmanagement
- Selbstorganisation (Selbstkritik, Selbsterfahrung)

Führungskräfte, Ausbildner und Pädagogen müssen dieser Entwicklung mehr Rechnung tragen und die politischen Rahmenbedingungen müssen daran angepasst werden. Vor allem aber müssen Jobsuchende, vor allem freilich die jungen unter ihnen, sich klar darüber sein, welche Kompetenzen, Fähigkeiten und Fertigkeiten in Zukunft – auf der Grundlage bisheriger Ausbildungen – besonders gefragt sein werden.

In zwanzig Jahren müssen in den traditionellen Arbeitsbereichen immer weniger Mitarbeiter immer mehr leisten. In ein Beispiel aus der Automobilindustrie gebracht: Jeder Arbeiter muss dann pro Jahr 42 Autos, und nicht mehr wie bisher 14, bauen. Die Produktivität verdreifacht sich in den nächsten zwanzig Jahren, obwohl im gleichen Zeitraum höchstens 50 Prozent mehr Autos benötigt werden. Daraus folgt: Die Produktivität steigt in Zukunft schneller als der Absatz und die Nachfrage – oder (wie das

VW-Beispiel zeigt): Es werden in Zukunft mehr Autos in China als in Deutschland verkauft.

Eine *durchregulierte Arbeitsgesellschaft* hat in zwanzig Jahren keine Zukunft mehr. Der Prozess von der Delegation und Kooperation in den Sechziger- und Siebzigerjahren über die Partizipation und das Mitunternehmertum in den Achtziger- und Neunzigerjahren bis zum Lebensunternehmertum mit einer stark ausgeprägten Dienstleistungskomponente wird sich im 21. Jahrhundert weiter verstärken.

Der Arbeitnehmer der Zukunft wird ein *Unternehmer am Arbeitsplatz* sein, der sich nicht in jedem Fall selbstständig machen muss, um selbstständig zu sein. Der Arbeitnehmer-Begriff im Arbeitsrecht muss neu definiert werden. Ein Arbeitnehmer gilt ja noch immer als Erwerbstätiger, der „gegenüber einem Arbeitgeber zu fremdbestimmter Arbeitsleistung gegen Entgelt verpflichtet ist". Dieses vorindustrielle Verständnis lässt im 21. Jahrhundert Aspekte wie Verantwortung und unternehmerische Funktion weitgehend außer Acht.

Zudem ist die erstarrte Zeitordnung, nach der alle zur gleichen Zeit dasselbe tun sollen, überholt. In Zukunft gilt, was vor Jahrzehnten noch eine utopische Forderung war: „*Verpflichtende Zeitpläne müssen durch dynamische Zeitpläne ersetzt werden*",[27] bei denen nur einige wenige Stunden festgelegt, die übrigen aber variabel und frei einteilbar sind. Zeitsouveränität statt Zeitdisziplin, Flexibilisierung statt Normierung heißt die Forderung. Protestantisch-preußische Zeitpläne auf ideologischer Basis gehören der Vergangenheit an.

Der *zeitsouveräne Arbeitnehmer* von morgen will frei und selbstständig über Zeiteigentum verfügen. Seine Schlüsselfragen bei Einstellungsgesprächen lauten:

- Welche persönlichen Entwicklungsmöglichkeiten habe ich?
- Welche Spielräume zum Gestalten und Verändern bietet mir der Job?
- Und wie groß sind meine Freiräume – von der selbstständigen und eigenverantwortlichen Tätigkeit bis hin zur freien und flexiblen Regelung der Arbeits-, Frei- und Urlaubszeiten?

Der selbstständig Arbeitende, also der *Unternehmer am Arbeitsplatz*, fragt in Zukunft mehr nach Arbeitsinhalten und Eigenverantwortung – eine große Herausforderung für die Unternehmen.

Man stelle sich einmal vor: Die Arbeitswoche beginnt – und kaum einer verlässt das Haus, weil die Arbeit zum Arbeitnehmer kommt. Per Telekommunikation pendeln Mitarbeiter zwischen Home Office und virtuellem Unternehmen – so „könnte" die Telearbeit der Zukunft aussehen. Sie würde Kosten sparen, Fehlzeiten reduzieren und die Produktivität erhöhen helfen. Die Hoffnung ist groß, dass die Telearbeit im 21. Jahrhundert für Texter und Kontakter, Buchhalter und Sekretäre, Forscher und Dienstleister, Betreuer und Ratgeber, Verkäufer und Nachfrager neue Arbeitsmöglichkeiten in virtuellen Unternehmen schafft.

Der Begriff „Telearbeit" umfasst alle bildschirmorientierten Arbeiten, die unabhängig vom Sitz des Arbeitgebers geleistet werden können. Dazu zählen

- Tätigkeiten von einem *Heimarbeitsplatz* aus,
- *mobile Telearbeiten* an wechselnden Orten mit Laptop und Handy sowie
- Beschäftigungen in dezentralen *Nachbarschafts- oder Satellitenbüros,* die vom Sitz des Unternehmens örtlich unabhängig, aber elektronisch mit ihm vernetzt ausgeübt werden.

Bei allen drei Arbeitsformen sind die Telearbeiter mit PC, Telefon, Router, DSL- bzw. Glasfaser-Anschluss und Drucker ausgestattet.

Die Telearbeit spart Fahrzeiten zum Arbeitsplatz ein und erleichtert die Vereinbarkeit von Beruf und Familie – fördert aber auch die Isolation. Neue Arbeitsplätze schafft sie eher nicht: Telearbeit wird viele Arbeitsplätze in Büros und Banken ersetzen, aber *kaum zusätzliche Arbeitsplätze* schaffen.

Neue Arbeitsplätze werden nur im gehobenen Dienstleistungsbereich der personenbezogenen Dienstleistung entstehen, und dort in erster Linie durch Eigeninitiative und dem Erkennen der vielen Marktnischen, die sich auf diesem Weg öffnen. In der Vielfalt der Möglichkeiten liegen die Jobchancen der Zukunft.

Von gewerkschaftlicher Seite nimmt daher die Besorgnis zu, dass die künftigen Tele- und Heimarbeiter mit ihrer Devise „Nie mehr ins Büro" (aber eben auch: „Nie mehr Feierabend") vor sich selbst geschützt werden müssen. Die Gefahr besteht, dass die selbstgewählte mobile Arbeit zur (Schein-)Selbstständigkeit wird, die sich zwischen Abhängigkeit und Selbstständigkeit bewegt. Wo fängt das Zuhause an und wo hört das Büro auf? *Die Grenzen zwischen Work-Station und Home-Center verwischen* sich. Das Arbeitsumfeld wird sicher flexibler und individueller, aber auch kontaktärmer und einsamer sein. Mehr Produktivität, dafür weniger Kommunikation?

Was nicht wenige Arbeitnehmer auch in Zukunft wollen, sind *geregelte Verhältnisse,* also Festanstellungen und keine Zeit- oder freien Mitarbeiterverträge. Die meisten Berufstätigen geben unumwunden zu: Auch im 21. Jahrhundert wollen sie *arbeiten wie ihre Eltern* – fest angestellt, vor allem im Büro beschäftigt, mit geregeltem Feierabend. Zwischen einzelnen Bevölkerungsgruppen sind – je nach Geschlecht, Beruf oder Alter – kaum bemerkenswerte Unterschiede feststellbar. Es gibt zudem eine Gemeinsamkeit: Viele wollen einen *geregelten Feierabend*.

Jobnomaden, die flexibel, mobil und immer auf der Wanderschaft von einem Arbeitgeber zum anderen sind und den klassischen Arbeitnehmer ablösen sollen, stoßen in der Arbeitsrealität auf ihre psychologischen Grenzen. Die meisten Arbeitnehmer wollen konventionell und traditionell mit festen Regeln und Zeitvorgaben arbeiten. Das Modell des Wanderarbeiters an superflexiblen Rollcontainern findet kaum Anhänger, weil auch Jobnomaden irgendwann sesshaft werden wollen. Der Entscheidungsspielraum der Jobsuchenden der Zukunft ist allerdings sehr schmal, die Gefahr einer individuellen Fehlentscheidung so groß wie nie zuvor.

Der von den Autoren bereits vor zwei Jahrzehnten für die nahe Zukunft prognostizierte Wandel vom harten zum sanften Karrieredenken[28] ist Wirklichkeit geworden. Eine 2017 von der Wirtschaftsprüfungsgesellschaft EY unter 1 400 Arbeitnehmern in Deutschland durchgeführte Repräsentativbefragung kam zum Ergebnis: Die richtige *Balance zwischen Arbeit und Privatleben* hat bei vielen inzwischen einen höheren Stellenwert als eine vielversprechende Karriere mit Aufstieg und hohem Einkommen.

Der Drang nach klassischer Karriere hat in Deutschland von 2015 (Männer: 58% – Frauen: 49%) bis 2017 (Männer: 38% – Frauen: 31%) nachgelassen. Und auch die Bereitschaft zur beruflichen Mobilität ist, aller prognostizierten Notwendigkeit zum Trotz, stark gesunken. Nur noch acht Prozent der Arbeitnehmer sehen sich 2017 aktiv, also freiwillig, nach einem neuen Arbeitgeber um. Zwei Jahre zuvor war der Anteil noch doppelt so hoch (18%) gewesen.

Was bedeutet die dargestellte Gesamtentwicklung für die *berufliche Ausbildung*? Der „abhängig Beschäftigte" kann in Zukunft nicht mehr Leitbild sein, weil der persönliche und unternehmerische Freiraum am Arbeitsplatz und im Leben immer größer wird. Damit ist auch Lebensunternehmertum gemeint: Jeder sein eigener Unternehmer, bei dem sich Persönlichkeitsmerkmale wie *Ich-Stärke und Sozialkompetenz* miteinander verbinden und nicht gegenseitig ausschließen.

Steht eine Renaissance der Persönlichkeitswerte bevor? Weil Produkte immer austauschbarer werden, Persönlichkeiten aber nicht einfach zu ersetzen sind, kommt es mehr auf die Entwicklung individueller Eigenschaften an. Das individuelle Profil macht die Persönlichkeit und damit den Unterschied aus. *Mit dem Persönlichkeitswert der Mitarbeiter lässt sich auch der Unternehmenswert steigern.* Damit ist der Weg in die Dienstleistungsgesellschaft und die Wertschöpfungskomponente der personenbezogenen Dienstleistung treffend und zukunftstauglich definiert.

Das Niveau der *Persönlichkeitsbildung der Mitarbeiter* lässt in Zukunft Rückschlüsse auf die Lebenserwartung eines Unternehmens zu. Persönlichkeiten mit Charakter (und nicht nur mit Fachwissen) halten das Unternehmen in Bewegung. Das Unternehmen lebt durch seine Persönlichkeiten. Und jede Persönlichkeit zeichnet sich durch die Doppelkompetenz von Selbstvertrauen und Verantwortungsbewusstsein aus.

Wenn Persönlichkeitsmerkmale im Berufsleben des 21. Jahrhunderts eine immer größere Rolle spielen,[29] dann wird das folgenreich für die Balance von Arbeit und Freizeit, von Beruf und Privatsphäre sein:

- Die Entwicklung einer *ganzheitlich „abgerundeten" Persönlichkeit* für viele Lebenszusammenhänge wird wichtiger.

- Das *Selbstwertgefühl* definiert sich nicht länger nur über spezielle Berufsausbildungen oder die berufliche Position.

- Ein Umdenken *von der Berufskarriere zum Lebenserfolg* zeichnet sich ab. Jeder ist für seine persönlichen Erfolgserlebnisse, von Schicksalsschlägen selbstverständlich abgesehen, im Leben selbst verantwortlich.

Im Idealfall wird sich die Führungskraft der Zukunft *vom Vorgesetzten zum Coach,* vom Moderator zum Motivator, vom Kontrolleur zum Animateur wandeln müssen, der die Mitarbeiter durch seine eigene Person motivieren kann und für das Betriebsklima im Unternehmen verantwortlich ist. Eine seiner wesentlichen Aufgaben wird es sein, die Arbeitsfreude der Mitarbeiter zu fördern – oder ihnen zumindest den Spaß an der Arbeit nicht zu verderben. Eine erfolgreiche *Führungskraft muss eigentlich der höchstmotivierte Mitarbeiter sein,* der sich und andere inspirieren kann. Die Motivations- und Begeisterungsfähigkeit wird zu einer sozialen Führungskompetenz von höchster Priorität.

Aus dem traditionellen Arbeitnehmer wird ein Bürger im Betrieb mit Bürgerrechten und Bürgerverantwortung. Das ist der *Bürgerstatus des neuen Selbstständigen.* Ein Unternehmer am Arbeitsplatz zeichnet sich dadurch aus, dass er neben sozialen Qualifikationen wie Kommunikations- und Teamfähigkeit Verantwortung tragen und Entscheidungen treffen kann. Er ist zugleich Innovationsmanager und Promoter des Wandels, Problemlöser und Katalysator in einem Suchprozess. Auch im Angestelltenstatus will er *unternehmerisches Handeln* praktizieren. Aus dem Prototyp des traditionellen Arbeitnehmers wird zunehmend der Unternehmer am Arbeitsplatz mit hohem Engagement.

Dieser Wandel vom Arbeitnehmer zum Unternehmer ist folgenreich. Der Unternehmer am Arbeitsplatz agiert wie ein Selbstständiger, der sich nicht in jedem Fall selbstständig machen muss, um selbstständig zu sein. Für Schule und Ausbildung muss das Konsequenzen haben. In kaum einem Politikbereich ist der Reformstau so groß wie im Bildungsbereich. Von der Grund- bzw. Volksschule bis zur akademischen Ausbildung.

Für die Bildungspolitik der Zukunft brauchen wir einen *positiven Paradigmenwechsel* von der traditionellen (Berufsaus-)Bildung, die fast nur den Qualifikationsbedarf für den Arbeitsmarkt im Blick hatte, zu einer weiterführenden lebensbegleitenden Bildung, die Menschen befähigt, ein Leben lang den sozialen Wandel der Gesellschaft aktiv zu gestalten (und nicht nur passiv auszuhalten). Persönlichkeitsbildung hat kein Verfallsdatum und keine Halbwertzeit: Kommunikationsfähigkeiten verlernt man nicht und Basiskompetenzen verliert man nicht.

Die Bildungspolitik steht auf dem Prüfstand. Das bisher in der Schule und im außerschulischen Bereich vermittelte Grundwissen (einschließlich der Kulturtechniken) bedarf einer Erneuerung und Erweiterung. Dies ist im Übrigen der Hauptgrund für die zu verlängernde gemeinsame Ausbildung über das Volks- bzw. Grundschulalter hinaus.

Bildung wird zum lebensbegleitenden Lernen. Auch Arbeit erfährt eine Bedeutungserweiterung und bedeutet immer öfter, *an sich selbst zu arbeiten*. Eine Lebensaufgabe bis ins hohe Alter. Bildung wird immer wichtiger. Die schnellen Veränderungen in der Arbeitswelt und in der nicht auf Erwerb gerichteten freien Lebenszeit verstärken die Bedeutung des Lernens und der Weiterbildung in jeder Lebensphase.

Bildung entwickelt sich als "life long learning" zu einem lebensbegleitenden Prozess, der vor allem im höheren Alter nach dem Ausscheiden aus dem Berufsleben eine neue Bedeutung erfährt – frei von materiellen Erwägungen und beruflichen Verwertungsabsichten. Immer mehr Universitäten gehen deshalb dazu über, eine Art „Studium generale" für Menschen in der nachberuflichen Lebensphase einzurichten, die als Frührentner oder Pensionäre wieder lernen wollen. Die Zahl steigt ständig an. Mit "life long learning" wird hier Ernst gemacht. Vorhandene Kenntnisse werden aufgefrischt und neue Kenntnisse erworben. Im *„Dritten Bildungsweg"* geht es nicht in erster Linie um wissenschaftliche Abschlüsse.

Die Politik muss mehr als bisher in die Bildungsförderung investieren. Nur so kann die wachsende Ungleichheit nachhaltig überwunden werden. Das muss von uns aber auch eingefordert werden! Denn nachweislich werden die Qualifizierten und Hochqualifizierten – die Info- und Bildungselite – immer reicher, die Bildungsfernen und Bildungsbenachteiligten immer ärmer. Die einen profitieren extrem, die anderen werden fast komplett abgehängt. Während qualifizierte Fachkräfte ständig höhere Löhne erhalten, drohen unqualifizierte Arbeiter ihre Arbeitsplätze zu verlieren. Nur durch mehr und höhere Bildung auf breiter Ebene wird man sich am Arbeitsmarkt der Zukunft behaupten und überhaupt Vermögen zur Zukunftssicherung bilden können.

Eine Erkenntnis, die nicht nur von den „alles besser wissenden Alten", sondern zunehmend auch von den Schulabgängern geteilt wird: „Gute Noten, aber null Ahnung vom Leben" – im Januar 2015 löste eine Schülerin aus Köln im sozialen Netzwerk Twitter vieltausendfache Reaktionen aus, bei Jugendlichen, Eltern und Lehrern, Politikern, Parteien und Gewerkschaften. Ihre Kurznachricht lautete: „Ich bin fast 18 und hab keine Ahnung von Steuern, Miete und Versicherungen. Aber ich kann eine Gedichtanalyse schreiben. In 4 Sprachen." Senecas zweitausend Jahre alte Forderung „Nicht für die Schule, sondern für das Leben lernen wir" wartet offensichtlich auch im 21. Jahrhundert auf ihre Realisierung. Die Antwort auf die Frage „Welche Alltagsfähigkeiten soll die Schule vermitteln?" ist offener denn je.

Manche Pädagogikexperten und auch Interessensvertreter beharren weiterhin darauf, in erster Linie überprüfbare Lernerfolge und weniger praktische Fähigkeiten bzw. Kompetenzen zu vermitteln. Die Schüler sollen sich ihre Informationen selbst beschaffen. Im Übrigen sollte Alltagstauglichkeit nicht in der Schule, sondern primär in der Familie vermittelt werden. Arbeitgeber hingegen fühlen sich in ihrer Kritik bestätigt, dass Schulabsolventen im Hinblick auf berufliche Anforderungen „von nichts eine Ahnung haben".

Soll in Zukunft Google die Lösung für alle Lebensfragen sein? Und wie sollen Schüler lernen, im Leben auf eigenen Beinen zu stehen, wenn die Eltern die Verantwortung an die Schule weitergeben, die Schule sich dafür aber nicht zuständig fühlt? Die Antwort: Nur eine neue *Allianz von Schülern, Lehrern und Eltern* kann in Zukunft das „Lernen fürs Leben" meistern.

Die Bildungskonzepte der Zukunft werden gleichermaßen und gleichwertig *berufs- und persönlichkeitsbezogen* sein müssen. In dem Maße, in dem dann eigenschöpferische Fähigkeiten in der Arbeitswelt nicht mehr hinreichend zur Geltung kommen können, wächst die Bedeutung außer- und nachberuflicher Bildung, die nicht an den Nachweis bestimmter Leistungen gebunden ist. Eine freiwillig motivierte Bildung ermöglicht Kommunikation, weckt und entwickelt eigene Interessen und erleichtert die Teilhabe am gesellschaftlichen Leben.

Eine erweiterte Persönlichkeitsentwicklung sowie die Befähigung zu sozialer Partizipation werden die Selbst- und Sozialkompetenzen stärken und gesellschaftlich aufwerten helfen. Alle bildungspolitischen Zukunftsanstrengungen konzentrieren sich auf die lebenslange Persönlichkeitsentwicklung. Die persönlichen Fähigkeiten jedes Einzelnen sind gefordert. Benötigt wird ein Handlungsimperativ im Sinne von „*Leg los*", „*Tu etwas*" und „*Sei selbst initiativ*". Das wird die Leitlinie für eine neue Ära der Verantwortung in den nächsten zwanzig Jahren sein.

DER GENERATIONENRATGEBER

4. Lebensbereich: Beruf/Ausbildung

Empfehlungen für die Generation Zukunft

Schritte in die berufliche Selbstständigkeit können nicht erst in der Start-up-Phase beginnen. Selbstständigkeit fängt mit einem möglichst hohen Anteil an Selbstbestimmung in Kindheit und Jugend an: Selbst etwas bewegen, eigene Ideen umsetzen und für eine Sache „brennen" machen längerfristig aus Chancennutzern Chancengründer – als Angestellte ebenso wie als künftige Unternehmer und Unternehmensgründer (Entrepreneurs) mit Biss, Feuer und Risikofreude.

Empfehlungen für die Generation Lebensplaner

In dieser Lebensphase fängt der Ernst des Lebens und des Lebensunternehmertums an. Dazu zählen Persönlichkeitsstärke und Unternehmergeist, Kreativität und Eigeninitiative – mit einem Wort: Unternehmermotivation. Die Lebensplaner müssen endgültig Abschied nehmen von der Vorstellung, sich von „Hotel Mama" oder vom „Vater Staat" versorgen zu lassen. Ein Fulltime-Job wartet auf sie. Arbeit darf nicht mehr nur Pflicht sein. Spaß, im Sinne von Freude an der Arbeit, löst den Wert Pflicht ab. Spaß ist ein anderes Wort für Motivation. Die Lust an der Leistung (und nicht nur am Geld) sollte zur Hauptantriebskraft bei der Berufsfindung werden.

Empfehlungen für die Generation Best Ager

Sie leben in der Hoch-Zeit des Lebens und stellen hohe Ansprüche an die Arbeit. Neben der Einkommenshöhe bekommen immaterielle Anreize eine immer größere Bedeutung. Mehr Gewinn durch mehr Sinn! Gegen innere Kündigung wird innere Befriedigung gesetzt. Die Best Ager wollen stolz auf sich und ihre Arbeit sein. Die Honorierung mit Sinn sollte genauso wichtig sein wie die Honorierung mit Geld. Sinn sagt etwas darüber aus, warum man etwas macht.

Empfehlungen für die Generation Lebenserfahrene

Ein Ende des Erwerbslebens zeichnet sich ab. Status und Aufstiegsmöglichkeiten spielen keine große Rolle mehr. Jetzt geht es eher um Identifikation und Zufriedenheit und – wenn man Glück hat – auch um Erfolgserleben und Stolz auf die eigene Leistung. Besonders zu beachten: Was das Loslegen für die Start-upper ist, ist das Loslassen für die Generation Lebenserfahrung. Diese Generation muss bereit sein, Verantwortung zu übernehmen und zu übergeben – für und an die Nachfolgegeneration im Betrieb.

Im Blickfeld müssen das Wohlfühlen der Mitarbeiter und das Wohlergehen des Unternehmens stehen. Im Idealfall geht die eigene Erfahrung (= berufliches Langzeitgedächtnis) an die Nachfolger über. Genauso wichtig ist aber auch der Übergang vom Berufsleben in die nachberufliche Lebensphase. Nicht wenige wollen und sollen (!) weiter gefordert werden und sind – wenn körperlich dazu in der Lage – auch bereit, über die Ruhestandsgrenze hinaus zu arbeiten – bis 67, 70 oder darüber hinaus.

Empfehlungen für die Generation Beziehungsförderer

Wichtig bleiben – auch ohne Beruf. Gebraucht werden – auch ohne Geldverdienen. Der „endgültige" Ruhestand soll nicht nur eine Restzeit sein. In dieser Lebensphase soll man etwas vorleben, was Jüngere von Älteren lernen können. Die Generation Zusammenhalt verkörpert lebende Geschichte und alte Werte, Gelassenheit und Rücksichtnahme. Jüngere sollen schon ihre eigenen beruflichen Erfahrungen machen, aber auch bereit sein, von den Älteren zu lernen. Und die Empfehlung für die Älteren kann nur lauten: Lasst euch anstecken von der Begeisterungsfähigkeit der Jüngeren, von ihrer Neugier und ihrem Zukunftsoptimismus. Dann ersetzt Schaffensfreude im hohen Alter die Arbeitsfreude der Berufstätigen. Und gerade für die Generation der Hochaltrigen gilt: Leben ist die Lust zu schaffen.

Lebensbereich: Generationenbeziehungen/ Zusammenhalt
Nähe durch Distanz

Gesellschaftlicher Zusammenhalt wird *die* soziale Frage der nächsten zwanzig Jahre sein – und weniger die wachsende Kluft zwischen Arm und Reich oder die offene Frage der sozialen Gerechtigkeit. Gut *zusammenleben* wird wichtiger als gut verdienen. Die Wertedebatte („Wie und nach welchen Werten wollen wir zusammenleben?") löst eventuell schon bald die Ungleichheitsdebatte ab, weil diese in der Wertedebatte aufgeht.

Die sich künftig qualitativ verändernden Generationenbeziehungen werden aus Sicht der Zukunftsforschung zur Herausforderung für die Gesellschaft – als Nutzen und Gewinn und nicht nur als Kostenfaktor und Problem. Verbesserte Lebensbedingungen und eine gesundheitsbewusste Lebensführung lassen die Lebenserwartung weiter steigen.

- Für die um 1900 Geborenen betrug die Wahrscheinlichkeit, im Alter um vierzig noch beide Elternteile zu haben, etwa 22 Prozent.

- Bei den um 2000 Geborenen lag die Wahrscheinlichkeit bereits bei 60 Prozent.

Die Ausdehnung der gemeinsamen Lebenszeit ermöglicht eine neue Solidarität zwischen den Generationen. Der befürchtete „Rentnerberg" schafft erst die Basis für einen nachhaltigen Generationenpakt. Der demografische Wandel muss nicht automatisch zu einer Gefährdung der Generationenbeziehungen führen. Solange insbesondere die immer größer werdenden mittleren Generationen durch Steuer- und Rentenzahlungen ihren gesellschaftlichen Beitrag leisten und zugleich im familiären Bereich Erziehungs-, Betreuungs- und Pflegeleistungen erbringen, lebt das Generationenbündnis weiter, ohne dass es zu größeren Konflikten kommt.

In Zukunft werden sich zunehmend Mehrgenerationenfamilien mit einer neuartigen Beziehungsdynamik zwischen den einzelnen Familienmitgliedern entwickeln. Die „frühe Großmutterschaft"[30] und die Entwicklung von sogenannten *"Bean pole"-Familien* (die Familienstruktur gleicht einer Bohnenstange: lang und schmal) verwischen sich die trennenden Grenzen zwischen den Generationen: Die Familiengröße wird kleiner, aber die Mehrgenerationenfamilie im Hinblick auf die gleichzeitige Präsenz verschiedener Generationen nimmt an Bedeutung zu.

Vieles deutet auf eine sich verstärkende soziale Solidarität zwischen den Generationen hin. Die Älteren in der Familie intensivieren dabei aktiv den Familienzusammenhalt („Sogar mit ihren 80 Jahren hält meine Mutter die Familie zusammen"[31]) und sorgen so für eine *rituelle Solidarität*. Die Enkelgeneration kann mit zunehmendem Alter wichtiger als der Freundeskreis werden. Im höheren Lebensalter gewinnen Kontakte zu Kindern und Enkeln eine Bedeutung, die eine andere Gruppe (Freunde,

Nachbarn, Verwandte, Arbeitskollegen u.a.) nur bedingt erreicht oder gleichwertig ersetzen kann.

In die Zukunft projiziert bedeutet dies: „Je älter man wird, umso wichtiger wird die nachwachsende Generation."[32] Weil mit zunehmendem Alter Freunde, Geschwister und Nachbarn sterben, wächst die Einsamkeit, wenn keine Beziehungen zu Kindern oder Enkeln vorhanden sind. In Zukunft werden die Generationenbeziehungen zwischen Enkeln, Kindern, Eltern und Großeltern eine größere Bedeutung haben als etwa die Beziehungen zu Geschwistern, Cousinen und Vettern. Die *vertikalen Familienbeziehungen zwischen Jung und Alt* werden wichtiger als die horizontalen. Das trifft insbesondere für persönliche Hilfeleistung, Unterstützung und Fürsorge zu.

Die Mehrgenerationenfamilie lebt in einem multilokalen Netzwerk, nicht unbedingt unter einem Dach. Der historische Wandel von der Groß- zur Kleinfamilie führt weder zum Verfall der Familie noch zu deren sozialer Isolation. Weil nicht mehr alle Familienmitglieder im selben Haushalt wohnen, entsteht eher eine neue *Intimität auf Distanz*[33]. Die räumliche Entfernung wird durch hohes emotionales Engagement wieder ausgeglichen.

Die Beziehungen zwischen Jung und Alt werden auf eine harte Probe gestellt, können aber auch eine große Zukunftschance sein. Wegen der geringen Geburtenquote *gehen den Kindern und Jugendlichen die Gleichaltrigen verloren.* Die Sozialisation in der Peergroup verliert im gleichen Maße an Bedeutung, wie die Kontaktsuche der Jüngeren zu Älteren zunimmt. Noch nie in der Geschichte der Menschheit hatte die Jugend die Chance, so viele Ältere kennenzulernen, sich mit ihnen anzufreunden, von ihnen zu lernen und gemeinsame Interessen zu teilen. Die Erwachsenenkultur (und langsam immer weniger die eigene

Jugendkultur) wird zum Leitbild für die jüngere Generation, so dass auch der Vorbildcharakter der Erwachsenen wieder ein stärkeres Gewicht bekommt. Wie nie zuvor können Jugendliche dann im Berufs- und Privatleben zwischen verschiedenen Partnern oder Paten aus der Erwachsenenwelt wählen. In dieser Entwicklung durchaus eine Chance zu erkennen, ist eine der Hauptaufgaben sozialer Bildung in Elternhaus und Schule.

Die wachsende Gruppe der Älteren geht in Zukunft mit einem wachsenden *Potenzial an Interessen und Fähigkeiten* einher. Ein Paradigmenwechsel in der Bildungs- und Kulturarbeit muss die Folge sein. So können feste und stationäre Bildungsstätten durch eine Vielfalt der Lernorte ersetzt werden. Flexible Lernorte und mobile Ältere bedingen einander. Experimentierfelder für neue Formen des Lernens zeichnen sich ab. Sporadisch-temporäre Bildungsengagements[34] erhöhen die Mitmachbereitschaft, weil Kursanmeldungen oder gar Mitgliedschaften weitgehend entfallen.

Jung und Alt werden in Zukunft wieder mehr und länger zusammenleben. Beide können dann voneinander lernen: Erfahrung, Gelassenheit und Kontinuität halten Einzug in die Welt von Morgen. *Direkte Lebenserfahrung,* selbst erlebt und nicht indirekt vermittelt aus zweiter Hand – das macht die emotionale Kompetenz und geistige Stärke der älteren Generation aus.

Die Wirtschafts- und Arbeitswelt kann von der doppelten Erfahrung – der Lebens- *und* der Berufserfahrung der Älteren – profitieren. Was ist damit konkret gemeint? Es handelt sich um *bewährte Lebensgrundsätze* wie z.B.

- Ziele beharrlich verfolgen

- Zusammenhänge herstellen

- frei von naivem Denken sein

- Tempo und Hektik relativieren
- Step by step: eines nach dem anderen
- Pläne und Projekte in Ruhe reifen lassen
- sich nicht als Nabel der Welt sehen
- Persönliches und Professionelles miteinander verbinden
- Fehlerursachen erkennen und aus Fehlern lernen
- mit Enttäuschungen fertig werden und Niederlagen verkraften können
- möglichst weitgehende Selbstbestimmung als Prinzip der Lebenszufriedenheit erkennen

Ältere geben nicht einfach blauäugig und kritiklos ihren sogenannten „Erfahrungsschatz" an Jüngere weiter. Nein – Jüngere lernen mehr durch das *Vorleben der Älteren,* was sie zum Mit-, Nach- und Selbermachen anregt.

Jüngere wollen und sollen natürlich auch in Zukunft ihre eigenen Erfahrungen im Leben machen und nicht einfach nur aus den Fehlern *anderer* lernen. Jüngere können beispielsweise von den Älteren lernen, wie diese miteinander umgehen und Verantwortung übernehmen, wie sie Verzicht üben oder Krisen bewältigen. *Von den Älteren lernen heißt auch: mit den Älteren lernen.* Das ist "learning by doing" – beinahe nebenbei.

Erfahrungen der älteren Generation werden seit jeher in Form des *lebensgeschichtlichen Erzählens* an andere Generationen weitergegeben. Das Wissen über die Welt und die Möglichkeiten der Bewältigung existentieller Lebensprobleme werden auf diese Weise tradiert. So vollzieht sich ein grundlegender Sinnbildungsprozess zwischen Erzählern und Zuhörern, zwischen Älteren und Jüngeren: Die Jüngeren brauchen *Geschichte als Ge-*

schichten. Sie wehren sich allerdings, „wenn diese Geschichten für sie zum Gefängnis zu werden drohen" und sie „an eine Vergangenheit gekettet werden, die nur zum Teil die ihre ist"[35]. Aber: Erzählen und Erfahrungen mitteilen ist immer noch besser als Schweigen, Verleugnen oder Verdrängen.

Die Älteren werden in den nächsten zwei Jahrzehnten aber auch sehr dankbar sein, wenn die Jungen sie in die neuen Technologien einführen und ihnen so den Umgang mit der Digitalisierung aller Lebensbereiche leichter machen. Die Generationen kommen in einer Art und Weise aufeinander zu, wie das zu keiner früheren Zeit auch nur annähernd der Fall war. Beide Seiten tun gut daran, die Chancen zu verstehen und zu ergreifen. Dafür muss man allerdings auch etwas tun. Leg los! Heute.

Noch nie in der Geschichte der Menschheit haben Generationen über so lange Zeiträume zusammengelebt, ohne dass es zu größeren Generationskonflikten gekommen ist. Eine Erklärung dafür lautet: Die Generationen helfen sich wieder mehr untereinander und lernen auch voneinander. Spontaneität, Flexibilität, Toleranz – das macht die besondere Kompetenz eines durchaus größeren Teils der jüngeren Generation aus.

Ältere bewundern an den Jüngeren, wie sie – unbelastet durch Erfahrungen – kreativ an die Lösung alltäglicher Probleme herangehen und von schematischem Vorgehen wenig halten. Sie gehen eigene und neue Wege, verlassen eingefahrene Gleise und haben *Mut zu neuen Sichtweisen über alte Dinge.* Ihre Träume und Ideale von einer besseren Welt sind auch für Ältere lebens- und nachahmenswert. Und so lassen sie sich von der Begeisterung der Jüngeren mitreißen in dem Bemühen, vieles im Leben ändern zu wollen.

Die konkrete Zukunftsempfehlung an die Älteren kann in Zukunft daher nur lauten: Lasst euch von der Neugier und Risikobereitschaft, der Lebensbejahung und dem Zukunftsoptimismus der Jüngeren überzeugen und genießt das halb volle und nicht das halb leere Glas des Lebens. Lebt (und fordert nicht nur) Toleranz. Geht unvoreingenommen und vorurteilsfrei durchs Leben. Und lasst euch anstecken von der Begeisterungsfähigkeit der Jüngeren. Dann gilt auch bis ins hohe Alter: *Es ist eine Lust zu leben!*

Und den Jüngeren kann man in Zukunft nur zurufen: Zeigt unverhohlen Bewunderung für die Reife des Lebens. Hört den Älteren öfter zu. Macht eure eigenen Erfahrungen, aber lernt die Geduld, die Beständigkeit und Verlässlichkeit der Älteren schätzen. Auch mit Geduld und Zeit kommt man weit: *Geduld ist die Kunst, zu hoffen* – ein unverzichtbares Lebenselixier.

Fragt man nach gegenseitigen Hilfeleistungen materieller und immaterieller Art, so ist man überrascht vom Umfang und der Intensität *gelebter und praktizierter Alltagssolidarität* zwischen den Generationen. Die Hilfeleistungen fangen früh an und hören eigentlich nie auf. Bei der aktuellen gesellschaftlichen Diskussion zur Alterssicherung werden vorrangig finanzielle Aspekte erörtert. Dabei wird weitgehend übersehen, dass es innerhalb der Familien zu erheblichen *finanziellen Transfers zwischen den Generationen* kommt. Nicht selten wird unterstellt, dass es sich um einen weitgehend einseitigen Vorgang handelt. „Im Wesentlichen sind es die Älteren, die Geld und größere Sachgeschenke an die jüngeren Generationen transferieren, während der umgekehrte Fall eher selten ist."[36]

Es findet aber manchmal auch ein umgekehrter *Geldtransfer* statt: Die junge Generation unterstützt ihre Eltern regelmäßig durch Geld. Hinzu kommen nichtmonetäre Hilfeleistungen durch *Sachmittel* (6% der Kinder) *und persönliche Hilfen* wie Haushaltsarbeiten, Besorgungen und Betreuung (22% der Kinder), die ganz selbstverständlich zum Alltag gehören. Das innerfamiliale Selbst-Hilfe-System gleicht also nicht nur finanzielle Defizite aus.

Die mittlere Altersgruppe befindet sich als sogenannte „Sandwich-Generation" in einer besonderen Situation. Sie leistet vielfach Hilfen, die von den Enkeln und Kindern bis zu den Eltern und Großeltern reichen können. Im mittleren Lebensalter werden die Menschen sozusagen von allen Seiten gefordert und müssen dabei auch noch ihr eigenes Leben (insbesondere Berufsleben) meistern. Angesichts dieser Mehrfachbelastung kann manche Anforderung zur Überforderung werden. Die rechtzeitige Überprüfung der persönlichen Energiebilanz kann dabei helfen, gut überlegte Prioritäten zu setzen.

Die über 40-Jährigen unterstützen ihre Kinder auch dann, wenn sie nicht mehr bei den Eltern wohnen, regelmäßig durch *Geld*. Die verlängerten Ausbildungszeiten fordern ihren Tribut. Trotz der Situation des „leeren Nestes" – die Kinder sind aus dem Haus – gehen die Unterstützungsleistungen weiter. Auch *Sachmittel* fließen in nicht unerheblichem Umfang. Und natürlich bieten sie als familiale Solidargemeinschaft zusätzliche *persönliche Hilfen* bei der Erledigung alltäglicher Aufgaben in Haushalt und Familie an. Gleichzeitig stehen sie ihren Eltern für persönliche Unterstützung zur Verfügung. Und wenn dann noch Zeit übrig bleibt, können sie auch einmal an sich selbst denken – ohne Schuldgefühl und schlechtes Gewissen.

In großem Umfang fließen jedenfalls *Ströme an Geld, Sachmitteln und persönlichen Hilfen von den Älteren zu den Jüngeren.* Die Älteren leisten wie erwähnt erhebliche Transfers an ihre Kinder.

Sie erbringen insbesondere Dienstleistungen für die Jüngeren, wozu Kinder- und Enkelbetreuungsdienste gehören, aber auch regelmäßige Geldzahlungen sowie Ersparnisse in Form von Schenkungen und Erbschaften. Dieses Verhalten trägt in mehrfacher Hinsicht zur *persönlichen Bereicherung* bei. Kinder und Enkel werden von Geldsorgen entlastet oder durch den großelterlichen Geldsegen bereichert. Und für die Älteren stellt das Geben-Können mehr eine *persönliche Erfüllung* und weniger einen Konsumverzicht dar.

Die Älteren leben nicht auf Kosten der Jüngeren, sondern leisten im Laufe ihres Lebens mehrfache Beiträge zum Erhalt des Generationenvertrags. Sie haben die Renten ihrer Vorgängergeneration finanziert, sie haben eigene Rentenansprüche erworben und sie erbringen in erheblichem Umfang zusätzliche finanzielle Transferleistungen für die Kinder und Enkel. Der Zusammenhalt darf allerdings keine Einbahnstraße sein. Jede Seite ist gut beraten, immer wieder über den *Saldo der Gegenseitigkeit* nachzudenken. Einen Saldo, der sich aus materiellen *und* immateriellen Teilsummen zusammensetzt.

Über 60-jährige Eltern leisten sechsmal so viele Geldzahlungen an ihre erwachsenen Kinder als sie von diesen zurückerhalten. Hinzu kommen persönliche Hilfen (z.B. Enkelbetreuung). In der Familie hilft man sich auf Gegenseitigkeit. Für Menschen im hohen Alter ist dann später die persönliche Hilfe durch die Familie oft mehr wert als das Geld, das sie den Jüngeren früher schenkten oder später einmal hinterlassen. So können sie ihre eigene Lebensqualität sichern.

Die größte gesellschaftliche Herausforderung wird im Jahr 2038 nicht die Finanzierung der Renten, sondern die *Erhaltung der Lebensqualität für alle* sein. Es wird eine Probe auf die Menschlichkeit der Gesellschaft von morgen sein, ob in ihr diejenigen zu ihrem Recht auf eine lebenswerte Zukunft kommen, die es selber nicht mehr fordern können. Die demografische Entwicklung ist eine Herausforderung an die Humanität einer Gesellschaft.

Im ganz persönlichen Umgang miteinander wollen die Generationen vom öffentlichen Kosten- und Krisengejammer herzlich wenig wissen. Sie vertrauen zunehmend auf die Nestwärme der Familie, unabhängig davon, wie man diese subjektiv definiert, und auf die Wirksamkeit von Netzwerken und sozialen Konvois wie z.B. Freunden als verlässlichen Begleitern des Lebens. Intakte Familienbeziehungen, echte Freundschaften und verlässliche soziale Konvois werden auch in Zukunft gesellschaftliche und wirtschaftliche Krisen meistern helfen. Zusammenleben heißt in Zukunft: Familie haben und/oder sozial vernetzt sein. Soziale Kontakte bekommen eine wertbeständigere Lebensdauer als der Besitz von Aktien oder Immobilien.

Wenn es nach den Erwartungen der Bevölkerung geht, dann muss die Zukunft in Österreich und Deutschland einer Sozialgesellschaft, einer Generationengesellschaft und einer Hilfeleistungsgesellschaft gehören. In der *Dreifach-Sicherung des Lebens*

- schützt der Staat die Bürger vor sozialer Not,

- halten die Generationen fest zusammen und

- wollen sich die Menschen mehr selber helfen.

Für alle Altersstufen gilt es, dieses Prinzip der Dreifach-Sicherung in seinem untrennbaren Zusammenwirken zu verstehen und im Alltag anzuwenden.

Fast zwei Drittel der jungen Leute (60%) erhoffen sich für die Zukunft einen *Sozialstaat*, der sie vor Not, Armut und Arbeitslosigkeit schützt. Materiellen Wohlstand soll es auch für sie geben, aber gerechter auf alle verteilt. Und fast jeder zweite junge Mensch (46%) will auf seine Weise den Generationenvertrag heute schon einlösen, indem er eine *Generationengesellschaft* als Leitbild anstrebt, in der Alt und Jung konfliktlos miteinander leben und sich gegenseitig stützen und unterstützen können: mehr Miteinander statt Gegeneinander.

Den künftigen Generationenbeziehungen liegt ein Menschenbild zugrunde, bei dem die Bereitschaft wächst, sich gemeinsam mit anderen (und nicht gegen andere) weiterzuentwickeln. Die Herausforderungen der Zukunft können nur im Miteinander der Generationen gelöst werden. Gefordert ist neben eigener Initiative vor allem soziale Sensibilität. Das heißt: Achtung vor dem gelebten Leben. Machen wir uns morgen an die Umsetzung. Leg einfach los!

DER GENERATIONENRATGEBER

5. Lebensbereich: Generationenbeziehungen/Zusammenhalt

Empfehlungen für die Generation Zukunft

Gelebte und praktizierte Generationensolidarität wird für die Generation Zukunft in einer durchschnittlich älter werdenden Gesellschaft immer selbstverständlicher. Noch nie in der Geschichte der Menschheit hat das Zusammenleben der Generationen so lange gedauert wie heute und in Zukunft. Für die junge Generation ist es daher eine Chance und eine Aufgabe, die Lebenskonzepte der Älteren aus unterschiedlichen Erfahrungswerten ernst zu nehmen. Sie können von den Älteren lernen, wenn sie den Kontakt zu ihnen suchen, gemeinsame Interessen teilen und sich mit ihnen anfreunden. Der Vorbildcharakter der Älteren bekommt für sie wieder ein größeres Gewicht. Erfahrungswissen, nicht Altersautorität ist das, wovon die junge Generation profitieren kann. Sie erfährt Lebensgeschichte als lebensgeschichtliches Erzählen.

Empfehlungen für die Generation Lebensplaner

Die Lebensplaner sind die erste Sandwich-Generation, die glaubt, von den Anforderungen des Lebens (Berufsplanung/Familiengründung/Kindererziehung) fast „erdrückt" zu werden. Zwischen Kinderbetreuung und Altenpflege drohen sie, die Ansprüche an ihr eigenes Leben zu verlieren. Generationenbeziehungen und Generationenzusammenhalt sind für sie lebenswichtig, wenn sie nicht selbstlos in der „Opferrolle" verharren wollen. Sie müssen selbst für eine ausgeglichene Bilanz von Geben und Nehmen sorgen. Sie müssen für die Familie da sein, sollen aber nicht zu Sklaven der Familie werden. Hier hilft nur eine neue Generationensolidarität, in der es um Unterstützung und Beistand, aber auch um Geborgenheit und menschliche Wärme geht.

Empfehlungen für die Generation Best Ager

„Wir helfen euch, damit auch ihr uns – später – helfen könnt": Die Generation Best Ager ist in der komfortablen Lage, viel für die Erhaltung der Familienbeziehungen zu tun. Von der kontinuierlichen Kontaktpflege bis zur praktischen Hilfeleistung, was für sie mitunter auch noch die Betreuung hochaltriger pflegebedürftiger Eltern mit einschließt. Und sie nimmt ihre soziale Verantwortung wahr, den eigenen Kindern Sorge und Fürsorge vorzuleben. Die Best Ager sind das

Bindeglied zwischen den Generationen. Sie kommunizieren, sie transferieren, aber sie partizipieren auch. Und wenn dann noch Zeit bleibt, können sie in Ruhe an sich selbst denken – ohne schlechtes Gewissen.

Empfehlungen für die Generation Lebenserfahrene

Von dieser Generation Lebenserfahrung fließen in großem Umfang Ströme an Geld, Sachmitteln und persönlichen Dienst- und Hilfeleistungen zu den Familienangehörigen. Bei ihren erwachsenen Kindern sind sie fast jederzeit zur Stelle, wenn sie für die Enkelbetreuung gebraucht werden. Der Zusammenhalt ist aber für sie keine Einbahnstraße. Sie erwarten ebenso Gegenleistungen (mehr sozialer als materieller Art), ohne jedoch aufrechnen zu wollen. Schließlich trägt die Pflege der familiären Generationenbeziehung auch zur persönlichen Erfüllung und Bereicherung des Lebens bei – mit einem besonderen Nebeneffekt: Wer sich um andere sorgt, lebt länger. Das Helfenkönnen geht mit positiven Gefühlen einher.

Empfehlungen für die Generation Beziehungsförderer

Diese Generation sollte sich von der Lebensbejahung, dem Zukunftsoptimismus und der Begeisterungsfähigkeit der jüngeren Familienmitglieder mitreißen lassen. Zugleich kann sie den Jüngeren Mut machen und vorleben, dass man im Leben mit Geduld und Zeit auch weit kommt. Geduld ist die Kunst zu hoffen – ein unverzichtbares Lebenselixier. Pläne und Projekte in Ruhe reifen lassen, Mut zur Gelassenheit haben und zuhören können: Das sind bewährte Lebensgrundsätze, die Alt an Jung weitergeben und vermitteln kann. Dazu gehört auch der Hinweis auf Bewährtes und Erhaltenswertes. Nachhaltigkeit bedeutet für sie Werthaltigkeit.

Lebensbereich: Politik zum Mitmachen/ Bürgergesellschaft

Vertrauensbildung in der Mitmachgesellschaft

Kommt ein postdemokratisches Zeitalter auf uns zu? Unter „Postdemokratie" wird die politische Entwicklung verstanden, in der die Mitbestimmungsmöglichkeiten der Bevölkerung (Partizipation) stetig abgebaut werden. Damit öffnet sich ein *Problemzusammenhang von sozialer Unzufriedenheit und Politikverdrossenheit.* Auf dem Weg zur Postdemokratie entsteht allerdings andererseits ein neuartiges Gemeinwesen, in dem zwar nach wie vor Wahlen abgehalten und Regierungen abgelöst werden, die politische Meinungsbildung aber woanders stattfindet – auf der Straße, auf dem Medien-Boulevard, in Bürgerversammlungen, beim Lobbying, bei Empfängen und Veranstaltungen, auf Fluren oder hinter verschlossenen Türen – während die Öffentlichkeit die Parteipolitik zunehmend als politische Inszenierung wahrnimmt. Die Gesetzgebung ist dann nur mehr das Vollzugsorgan informeller Absprachen und Abmachungen.

In die Zukunft projiziert, bedeutet dies: Die wirkliche politische Macht geht tendenziell an Parteien vorbei und an Initiativen, Experten und Lobbyisten über, an PR-Profis und Spindoktoren. Diese Gruppierungen verfolgen ihre Interessen auf eine doppelte Weise: Sie nehmen Einfluss auf die Gesetzgebung und das politische Handeln der Regierung oder sie steuern ihre Ziele direkt an und lassen die (Partei-)Politik links (oder rechts) liegen.

Weil sich bei den Bürgern *Frustration und Desillusionierung* breit machen, versuchen die Parteien verzweifelt, „die Bürger durch Werbekampagnen ‚von oben' dazu zu überreden, überhaupt zur Wahl zu gehen".[37] Die Folgen für die Zukunft sind absehbar: Die staatliche Autorität verliert an Bedeutung, weil der

Kernbereich der realen Politik immer kleiner wird, während das *äußere Erscheinungsbild* von Profis außerhalb der Parteien in Perfektion nur mehr präsentiert und inszeniert wird. Zu Ende gedacht: Das demokratische Gleichgewicht ist in Zukunft ernsthaft gefährdet und mit ihm der soziale Frieden in der Gesellschaft. Das ist die Konsequenz aus der Tatsache, dass „die Menschen von der Politik *nicht mehr bei ihren tatsächlichen Bedürfnissen* abgeholt werden".[38]

Weltweit wächst die *Unzufriedenheit der Bürger gegenüber der Politik* – in West- und Osteuropa genauso wie in Japan und den USA, in Afrika und Asien. Das Vertrauen in die Glaubwürdigkeit und Gestaltungskraft der Politiker geht zunehmend verloren – u.a. ablesbar an Bürgerprotesten, sinkenden Wahlbeteiligungen sowie sinkenden Mitgliederzahlen in den Parteien.

Alle Anzeichen sprechen dafür, dass dieser Wandel einhergeht mit dem *Übergang in eine postdemokratische Ära*. Das Interesse der Bürger verlagert sich: weg von Institutionen hin zu Bürgerinitiativen und NGOs (Nicht-Regierungs-Organisationen) für Umweltschutz und Menschenrechte, Dritte Welt und soziale Anliegen, zu Selbsthilfegruppen und Nachbarschaftsnetzwerken. Offen bleibt freilich, inwieweit ihr Einfluss auf den *immer kleiner werdenden Kern der Politik* bzw. die Gesetzgebung möglich sein wird.

Die Politik regiert am Lebensgefühl der Menschen weitgehend vorbei. Mautgebühren? Renteneintrittsalter? Handelsabkommen? Vorratsdatenspeicherung? Europa, EU und Terrorismus? Dies sind nicht die Themen, die die Menschen vordergründig bewegen. Das sind die Themen der Lobbys. Die Bürger setzen ganz andere Prioritäten: Integrationsprobleme, Mietpreisbremse in den Städten, flexible Renten- bzw. Pensionsübergänge für ältere Arbeitnehmer, Ausbau von Kindertagesstätten und Ganztagsschulen, ein gesichertes Gesundheitssystem, Konsumenten-schutz sowie wirksamer Schutz der Privatsphäre im Netz. Bei diesen Zukunftsfragen fühlt sich die Bevölkerung bisher allein-gelassen.

Über die *Beratungsresistenz der Politiker* in Bezug auf wissen-schaftliche Erkenntnisse könnte man meinen, Politiker nutzen diese wie Betrunkene einen Laternenpfahl: sie suchen Halt, nicht Licht. Politiker wünschen sich Wohlverhalten und Bestäti-gung, keinen Widerspruch und keine Kritik – und schon gar nicht im Stil einer außerparlamentarischen Opposition.

Wenn die Politik aber das Allgemeinwohl aus dem Auge verliert, verliert sie auch den Rückhalt in der Bevölkerung. So bleibt die Hoffnung: Nicht Volkszorn und Bürgerwut, sondern Volkswille und Bürgermut werden in einer neuen postdemokratischen Ära wieder regieren. Bürgerbewegungen von heute können zu post-demokratischen Parteien und freien Wählergruppen von mor-gen werden.

Es wird daher wichtig sein, sich für die politische Meinungsbil-dung in seiner Umgebung sogar mehr als bisher zu interessie-ren. Die Neugestaltung der Politik kann nur durch eindeutige, unüberhörbare Forderungen von den Bürgern ausgehen. Mei-nungsbildung von unten nach oben wird dann von den *Abge-ordneten als Volksvertretern* nicht nur zugelassen, sondern geför-dert werden, wenn wir uns daran beteiligen. Das Top-down-Modell der politischen Vorgaben weicht einer Bottom-up-Wil-lensbildung. Die Postdemokratie kann dann in ein Demokratie-modell der Zukunft münden.

Die Politiker können den Status quo sichern helfen, die anste-henden Zukunftsprobleme aber nicht aus eigener Kraft lösen. Der Streit um neue Stromleitungen oder Windparkanlagen für die *Energiewende* zeigt beispielsweise, dass Volksbefragungen zu Energiefragen möglich und nötig sind. Vorstufen bundesweiter Volksbefragungen können in Zukunft auch Unterschriften-sammlungen via Internet sein, Kampagnen über Facebook, Twitter und E-Mail sowie Mobilisierungen durch professionelle Protestorganisationen (z.b. Attac, Campact), die hunderttau-sendfach „Stoppt..."-, „Rettet..."- oder „Bekämpft..."-Aktionen in Gang setzen: Bürgerinitiativen per Online-Klick, die Demos, Shitstorms und Flashmobs zur Folge haben. Das ist Bürgerde-mokratie in Aktion – real und virtuell.

Es kann daher nicht weiter überraschen, dass die Mehrheit der Bevölkerung quer durch alle Bevölkerungsgruppen ihre Bereit-schaft erklärt, „sich selbst mehr zu helfen und nicht alle Proble-me einfach dem Staat zu überlassen". Vor allem die lebenserfah-rene Ü60-Generation zeigt eine große Partizipationsbereit-schaft. Sie befindet sich in der nachelterlichen Lebensphase und ist mehr als andere bereit, Zeit für den sozialen Zusammenhalt der Gesellschaft zu investieren. Die alte „Carpe diem"-Empfeh-lung („Genieße den Tag") des römischen Dichters Horaz kann in seiner deutschen Interpretation „Nutze den Tag" über die ei-gentlich gemeinte Ich-Stärkung hinaus auch zu einer Bereiche-rung des Zusammenlebens der Menschen im 21. Jahrhundert werden. Wie schon lange nicht mehr sind die Menschen in unsi-cheren Zeiten darauf angewiesen, sich gegenseitig zu stützen und zu helfen. Auch das kann Lebensgenuss sein.

Frühzeitiger und glaubhafter als bisher wollen die Bürger in po-litische Planungsprozesse einbezogen werden. Projektentwickler müssen auch mit noch unfertigen Plänen nach außen gehen, sich der öffentlichen Diskussion stellen und *Bürgerbeteiligung sicherstellen* – durch Anhörungen, Runde Tische, Einwohnerfra-gestunden, Bürgerworkshops, Ideenwettbewerbe oder elektronische Beteiligung (E-Partizipation). „Durchplanen, durchrechnen und dann erst präsentieren": Das war einmal. Die Erfahrungswerte bei Beteiligungsverfahren sprechen für sich: Kontinuierliche Kommunikation schafft größtmögliche Transparenz und Akzeptanz.

Der Prozess der Postdemokratisierung kann daher auch positiv als *demokratischer Wandel* bewertet werden: Der sogenannte arabische Frühling von Kairo bis Tunis, im Nahen und Mittleren Osten sowie in Nordafrika war ein demokratischer Aufbruch und Massenprotest, der zum *Sturz autokratischer Regime* geführt hat. Auch ein Grund dafür, warum der demokratische Westen und insbesondere die USA diesen politischen Umschwung als *Freiheitsbewegung* gesehen und entsprechend gefördert und unterstützt haben. Auch wenn der Prozess insgesamt vielleicht noch Jahrzehnte dauern wird.

Ehrlichkeit gilt derzeit als eine(r) der wichtigsten Tugenden und Werte – gefolgt von Vertrauen, Verantwortung und Verlässlichkeit. Dieses Wertefundament wird offensichtlich von den Politikern nicht mehr (vor)gelebt: Sie repräsentieren diese Werte nicht mehr. Und der Eindruck entsteht, dass Politiker mehr an ihren Machterhalt als an das Gemeinwohl der Bevölkerung denken. Gesucht werden *authentische Verbindungen von Personen und Programmen*, die jedoch immer seltener zu finden sind. Die Glaubwürdigkeit der Politikerinnen und Politiker muss von uns Bürgern aber auch laufend eingefordert und bei Wahlen belohnt bzw. ihr Fehlen bestraft werden.

Vertrauensbildung wird zur größten Herausforderung der nahen Zukunft: Sonst geht der soziale Kitt zwischen Politik und Bevölkerung verloren. Politik darf nicht mehr länger nur den „Profis" und „Berufspolitikern" überlassen bleiben. Politiker müssen wieder mehr für Transparenz und Ehrlichkeit stehen und Bürger aktiver an Entscheidungsprozessen beteiligt werden. Wir aber müssen dies immer wieder verlangen und an solchen Prozessen dann auch teilnehmen. Nur auf diesem Weg können Veränderungen zum Positiven erreicht werden. Zukunft passiert nicht, sie wird von uns gestaltet![39]

Andernfalls breiten sich *Protestbewegungen ("Bürgerwut")* aus. Die Bürger wollen keine Politprofis mehr, die nie einen anderen Beruf ausgeübt haben. Politprofis denken mehr an ihre eigene Existenzsicherung als an die Zukunftssicherung der Generation von morgen. *Politprofis produzieren Politikerverdrossenheit.*

Gefragt sind daher jederzeit kündbare Zeitmitgliedschaften, Engagements auf Zeit oder Abruf. Die Flucht aus den Vereinen droht. „Vor allem die [erg.: deutschen] *Großstädter werden vereinsmüde.*"[40] In Österreich scheint hingegen das Vereinswesen eher eine Renaissance zu erleben. Stellen Vereine, Bürgerinitiativen, Freiwilligenvereinigungen etc. eventuell eine Antwort auf die zunehmende Unfähigkeit der Politik, ihre Bürger bei ihren Interessenslagen abzuholen, dar?[41]

Die prognostizierte Flucht aus traditionellen Organisationen, Kirchen, Gewerkschaften und Parteien ist inzwischen in Österreich und Deutschland Wirklichkeit geworden. Allein die Zahlen der Mitglieder im Deutschen Gewerkschaftsbund (DGB) wie auch im Österreichischen Gewerkschaftsbund (ÖGB) sind um etwa ein Drittel zurückgegangen. Der DGB denkt mittlerweile ernsthaft über *Schnuppermitgliedschaften* nach, weil immer weniger Beschäftigte bereit sind, sich längerfristig zu binden.

Die Bürger trauen der Politik immer weniger, aber sich selbst und anderen aber immer mehr zu. Es ist kein Zufall, dass mittlerweile Selbstvertrauen und Vertrauen zu den wichtigsten Erziehungs-

zielen zählen und erst dann Eigenschaften wie Durchsetzungs-
vermögen oder Kritikfähigkeit folgen. Das Vertrauen gilt als die
Antriebskraft des sozialen Lebens. Stabile soziale Beziehungen
können für das persönliche Wohlbefinden wichtiger sein als
materielle Güter. Dies lässt für die Zukunft hoffen.

Für selbstbewusste Menschen ist Selbstbestimmung eine
Grundvoraussetzung der Lebensplanung. Die Politik hat Rahmenbedingungen zu schaffen, bei denen diese neue Bürgersou-
veränität (das Volk als Souverän!) auch in den Entscheidungs-
findungen berücksichtigt wird. Politische Programme, Gesetze
und Projekte müssen mit den Menschen gemeinsam erarbeitet
und abgestimmt werden. Die Weiterentwicklung des demokrati-
schen Zusammenlebens muss eher von der Bürgergesellschaft
gestaltet als von Politikern vorgegeben werden.

Der Abschied von der Ellenbogengesellschaft steht unmittelbar
bevor. Der Anspruchsstaat ist nicht länger bezahlbar und der
Wohlfahrtsstaat vielfach überfordert. Zudem endete in Deutschland auch der verpflichtende Zivildienst. Jetzt müssen Städte
und Wohlfahrtsverbände aktiv und initiativ werden und *um
Freiwillige werben*. Das kommt einem *Paradigmenwechsel* gleich:
Markt und Staat verlieren ihre Dominanz, während zugleich
Leistungs- und Zukunftsfähigkeit traditioneller Sozialsysteme
immer ungesicherter erscheinen.

Es entwickelt sich ein Bürgerbewusstsein auf dem Weg zu einer
neuen *Hilfeleistungsgesellschaft* in einer Mischung aus Mitmach-
und Zusammenhaltsgesellschaft außerhalb von Organisationen
– in Initiativen, Nachbarschaften und informellen Gruppierungen. Immer stärker setzt sich ein Verständnis von Engagement
durch, das nachbarschaftliche und soziale Netzwerke mit einbe-
zieht. In der neuen Mitmachgesellschaft dominiert *das informelle Engagement auf freiwilliger Basis*. Darauf muss die Politik in

Zukunft aufbauen. Hier *entstehen koordinierte Interessenslagen*, hier muss politische Meinungsbildung ansetzen.

Entdeckt das 21. Jahrhundert die Nächstenliebe wieder? Noch ist es nicht so weit. Eher im Gegenteil: Viele Bürger machen *nicht* mit. Zwanzig von hundert Bürgern fühlen sich in ihrer gemeinnützigen Tätigkeit ohne finanzielle Gegenleistung wie z.B. Steuervergünstigung oder Aufwandsentschädigung *„benachteiligt und fast ausgebeutet"*. Andere verweisen auf das ungelöste Dilemma von Zeit (*„Kostet zu viel Zeit"*) und Geld (*„Bringt kein Geld"*). Als Hauptgrund gegen ein soziales Engagement aber führt jeder dritte Bürger an, dass eine unbezahlte freiwillige Mitarbeit *„zu wenig öffentliche Anerkennung"* bringt. Der Mangel an Anerkennung wiegt schwerer als der Verlust an Zeit oder Geld. Beide Seiten, Bürger und Politik, müssen direkte Demokratie eventuell erst lernen.

Für die Zukunft gilt: Freiwillige Mitarbeit in sozialen Organisationen muss neu bestimmt werden. Andernfalls droht die junge, im Zeitalter des Individualismus aufgewachsene Generation aus dem sozialen Engagement auszusteigen. Es sollte schon zu denken geben, dass viele junge Leute die hierarchischen Strukturen in den sozialen Organisationen und Institutionen kritisieren: „Als Ehrenamtlicher muss man sich *den Hauptamtlichen unterordnen."* So können die Hauptamtlichen zu Spaßverderbern für die Freiwilligen werden.

Stärkung der Mitsprache und Mitgestaltung der Bevölkerung ist vor allem im Bereich der Kommunalpolitik möglich. Die Basis dafür ist die Meinungsbildung in Projekten, Bürgerinitiativen, Vereinen und sozialen Netzen. Die sogenannte *Basisdemokratie* muss den Alltag der Bürger erreichen und betreffen.

Dem nichtfamilialen privaten Netz kommt in Zukunft vor allem im Hinblick auf Hilfs- und Unterstützungsfunktionen eine wachsende Bedeutung zu. Auch wenn sich der Anteil der Nachbarn und Freunde als Hauptpflegepersonen seit Anfang der neunziger Jahre von vier auf acht Prozent verdoppelt hat, werden noch zwei bis drei Jahrzehnte vergehen, bis diese sozialen Konvois wirklich spürbar entlastende Betreuungsleistungen erbringen können.[42] *Die Förderung privater Hilfenetzwerke* – von Helferbörsen bis zu Freiwilligenagenturen – *wird zu einer wichtigen kommunalpolitischen Aufgabe.* Dazu gehören auch die Entwicklung neuer Wohnformen und die Unterstützung von Modellprojekten für gemeinschaftliches Wohnen.

Die traditionelle Familie – Eltern, zwei Kinder, berufstätiger Mann, Frau zu Hause und ein Hund – gibt es bald nicht mehr. So ergeben sich neue *Aufgaben für eine aktivierende Kommunalpolitik,* die die dafür notwendigen Rahmenbedingungen schaffen muss, damit aus der bekundeten Hilfsbereitschaft eine tatsächliche Helfertätigkeit wird. Wohnungswirtschaft und Wohnungspolitik müssen umdenken: Noch notwendiger als die Förderung von Neubauwohnungen wird die *Förderung immaterieller Infrastrukturen im Wohnbereich* sein – vom informellen Nachbarschaftstreff bis zur Betreuung von Kindern und alten Menschen. *Quartiermanager* halten dann die Nachbarschaft zusammen. Diese Dienstleister, für die es bis heute noch keine qualifizierte Ausbildung gibt, werden bald eine neue Berufsgruppe mit großen Zukunftschancen sein.

Kommunale Wohnungspolitik muss sich von einer reinen Sozialpolitik zu einer ganzheitlichen Politik für Lebensqualität weiterentwickeln: als Politikbereich, der alle Generationen und alle gesellschaftlichen Schichten vertritt. Immobilienbranche und Bauträger bieten dann ein Management an, das vor allem *soziale Dienste* für junge Familien und die wachsende Zahl alter, hochaltriger und langlebiger Menschen leistet. Das Wohnungsmanagement wirkt wie ein sozialer Kitt, wozu Kinderbetreuung, Altenbetreuung, Mietschuldenberatung und Beschäftigungsprojekte, Nachbarschaftshilfevereine sowie Helferbörsen gehören. Ein soziales Wohnungsmanagement kann auch in ökonomischer Hinsicht erfolgreich sein. Denn die Alternative heißt nicht: Wirtschaftlichkeit oder Sozialverträglichkeit? *Die Erfolgsformel lautet eher: Wirtschaftlichkeit durch Sozialverträglichkeit!*

Die Wohnqualität wird zu einem der wichtigsten Bestimmungsfaktoren für die persönliche Lebensqualität: Sage mir, wo und wie du bis ins hohe Alter wohnst, und ich sage dir, ob es sich lohnt, so lange zu leben. Wohnanlagen werden in Zukunft mehr über *Service, Beratung und Betreuung sowie über Identifikation, Image und Interessenprofil* verkauft. Nicht dem Leben immer mehr Jahre, sondern den Jahren mehr Lebensqualität geben: das ist die Leitlinie für die Wohnformen und damit auch für die Wohnpolitik der Zukunft.

Die Zukunft gehört einer *Mitmach- und Hilfeleistungsgesellschaft*, in der sich die Menschen wieder gegenseitig helfen und unterstützen. Dazu müssen sich die Bürger aber mehr als bisher inhaltlich interessieren und in der Folge auch einbringen. Zukunft ist machbar, sie wird von uns gestaltet. Eine solche aktive Hilfeleistungsgesellschaft wird die Vorstufe sein zur Idee einer

- *Zivilgesellschaft*, in der Freiheit, Gleichheit und Sicherheit garantiert und gelebt werden und einer

- *Bürgergesellschaft*, in der sich Bürger und Bürgerinitiativen aktiv am gesellschaftlichen Leben beteiligen und engagieren können.

Ein verpflichtendes Sozialjahr für junge Frauen und Männer wäre wohl eine sehr gute Vorbereitung auf das eigene Leben wie auch für das Gemeinschaftsleben. Dabei sollen die Angebote von Bundesheer (Wehrdienst), Katastrophen- bzw. Rettungsdiensten sowie Sozialdiensten frei wählbar sein. Denkbar und notwendig werden in Zukunft auch Tätigkeiten in den Bereichen Naturschutz und Landschaftspflege.

Ein soziales Pflichtjahr für junge Menschen nach Schulabschluss käme letztlich einer Win-win-Situation gleich: Die Gesellschaft würde von sozialen Aufgaben entlastet und die jungen Menschen hätten Orte und Gelegenheiten für den Erwerb von Menschenkenntnis und Sozialkompetenz.

In Konturen zeichnet sich diese neue Mitmach- und Zusammenhaltsgesellschaft für die Zukunft durchaus bereits ab. Ausgehend von der Situation des Aufeinander-angewiesen-Seins sind die Menschen zwangsläufig mehr vom Gedanken der Zusammenarbeit und des sozialen Engagements überzeugt als von Wettbewerb und wirtschaftlichem Eigennutz. Daraus folgt: Werte wie Ehrlichkeit, Offenheit und Hilfsbereitschaft sowie Vertrauen, Verantwortung und Verlässlichkeit werden immer wichtiger.

Die *Zusammenhaltsgesellschaft* ist keine Utopie mehr. Der gesellschaftliche Zusammenhalt in Deutschland und Österreich ist derzeit nachweislich größer als in den Wohlstandszeiten der Neunzigerjahre des 20. Jahrhunderts. Der Gemeinsinn wächst auf breiter Ebene – vor allem in den Bereichen soziale Beziehungen, Gemeinwohlorientierung und Verbundenheit mit dem Gemeinwesen.[43] Die Erosion des Sozialen im Zeitalter der Individualisierung hat ihren Zenit überschritten, auch wenn vielleicht aktuelle politische Vorhaben das Gegenteil signalisieren.

Die Bevölkerung lebt zwar dann sicher nicht in der besten aller möglichen Welten, aber sie kann das Beste aus ihrem Leben machen. Diese *Gemeinschaft auf Gegenseitigkeit* wird eine solidarischere Gesellschaft sein – samt stärkerer Bürger. Und ein selbstbewusster Bürgersinn bürgert sich ein: *So wollen wir leben!*

DER GENERATIONENRATGEBER

6. Lebensbereich: Politik zum Mitmachen/ Bürgergesellschaft

Empfehlungen für die Generation Zukunft

Diese Generation wächst in unsicheren Zeiten auf und fühlt sich selbst schon als „Generation Krise". Sie lebt in einem beinahe postdemokratischen Zeitalter, in dem das Vertrauen zu Wirtschaft, Politik und Institutionen zunehmend verlorengeht. Diese Generation kann es sich aber nicht länger leisten, Beständigkeit durch Beliebigkeit zu ersetzen, jeder (Organisations-)Bindung aus dem Weg zu gehen und massenhaft Parteien, Kirchen und Institutionen den Rücken zu kehren. Sie muss wieder Anwender-Demokratie praktizieren lernen und Spontaneität durch Kontinuität ersetzen. An die Stelle unverbindlicher Kontakte und sozialer Unlust muss sie die Bedeutung von Freiwilligenarbeit und sozialem Engagement entdecken und sich als Teil einer Mitmachgesellschaft verstehen.

Empfehlungen für die Generation Lebensplaner

Auf diese Generation sind alle Hoffnungen von Wirtschaft und Politik gerichtet. Sie hat die Kraft und auch die Macht, die Gesellschaft demokratiefähig zu erhalten. Sie soll nicht nur ihr eigenes Leben planen, sondern auch das Zusammenleben in der Gesellschaft verbessern helfen. Kindergärten, Schule und Vereine sind auf ihre aktive Mitwirkung angewiesen. Gerade für die Lebensplaner scheint es hoch an der Zeit für ein Umdenken zu sein. Sie sollen und können Interessenanwälte für Jung bis Alt sein und dafür Sorge tragen, dass Mitgliedschaften, Ämter und Funktionen in Institutionen und Initiativen erhalten bleiben. Keine leichte Aufgabe in einer weitgehend individualisierten Gesellschaft, in der Verordnungen „von Amts wegen" immer weniger gefragt sind. Die Generation Lebensplaner kann zur Gründergeneration einer neuen Helferkultur werden und aus dem Ehrenamt eine Ehrensache machen.

Empfehlungen für die Generation Best Ager

Wenn die Kinder aus dem Haus gehen, kann sich die Generation Best Ager neuen Aufgaben mit Ernstcharakter widmen und am Aufbau einer Gesellschaft auf Gegenseitigkeit mitwirken: Netzwerke Gleichgesinnter schaffen, Organisationsformen, die nicht gleich auf Dauer oder Lebenszeit angelegt sind, und den Genossenschaftsgedanken wiederbeleben. Die Sozialsysteme müssen überdacht und von Grund auf neu strukturiert werden. Der Appell an selbstlose Samariter und Wohltäter reicht nicht mehr aus. Jenseits von Gruppenzwang gilt es, einen neuen informellen Sektor auf freiwilliger Basis aufzubauen. Die Generation Best Ager hat die Zeit, die Nerven und auch die Mittel dazu.

Empfehlungen für die Generation Lebenserfahrene

Die zahlenmäßige Übermacht der 60plus-Generationen kann vor allem bei Wahlen die Jungwähler als Minderheit ohnmächtig machen. Hier ist das Verantwortungsbewusstsein der 60plus-Generation in besonderer Weise gefragt, wenn die Ausbreitung von Politikverdrossenheit bei der nächsten Generation verhindert werden soll. Dann würde auch der Staat seine soziale Kontrolle verlieren und Extrem- und Radikalwähler würden an Boden gewinnen. Die Generation Lebenserfahrung hat es in der Hand, der echten Demokratie wieder zum Durchbruch zu verhelfen – im Doppelsinn: Wir sind das Volk. Und: Wir sind der Staat. Dann hat auch jede Stimme ihre politische Bedeutung.

Empfehlungen für die Generation Beziehungsförderer

Dieser Generation kann man ihre politischen Lebenserfahrungen nicht mehr nehmen. Sie hat Kriegs- und Nachkriegszeiten erlebt, sie soll und kann aus erlebter Erfahrung heraus die nachfolgenden Generationen motivieren, aktiv von ihren Wahl- und Mitbestimmungsmöglichkeiten Gebrauch zu machen und mitzumischen: Als Macher und nicht nur als Mitmacher. Und sie kann vor allem die Jungwähler bzw. Enkel darüber aufklären, welche politischen Folgen es haben kann, wenn die Wähler mehr die Inszenierung von Politikern als die Inhalte von Programmen im Blick haben. Dann droht die Wählerdemokratie zur Zuschauerdemokratie zu verkommen und aus spontanen Stimmungen können folgenreiche Wahl-Stimmen werden.

Lebensbereich: Wohnen/Wohnumfeld
Die Anbindung an das Leben

Was die Bürger als wichtig für ihren eigenen Wohnort ansehen, lässt sich mit zwei Wörtern umschreiben: *fast alles!* Vom denkmalwerten Baubestand über Grün- und Parkanlagen und die Sauberkeit im Wohnquartier über die gute Erreichbarkeit bis zum Sicherheitsgefühl reicht der Wunschkatalog der Bürger. Die Träume scheinen grenzenlos zu sein. Hinter allem steht der ebenso komplexe wie diffuse Wunsch nach schönem Wohnen genauso wie nach einer stabilen Identifikation der Bewohner mit ihrem Wohnort. Kurt Tucholsky hat schon frühzeitig die fast unerfüllbaren Wünsche in folgende Formel gebracht: *„Vorne die Ostsee und hinten die Leipziger Straße"* – bzw. hier abgewandelt: *Vorne der Wörthersee und hinten die Kärntner Straße.*

Für die Zukunft deutet sich eine Alternative zu den herkömm-
lichen Wohnstilen der vergangenen Jahrzehnte an. Die Trennung
von Arbeitszentren und Wohngebieten, die nicht selten unzureichend an den öffentlichen Nahverkehr angebunden waren, wird
tendenziell wieder aufgehoben. In den Wohnvorstellungen der
Bevölkerung kommen Lebensqualitätswünsche zum Ausdruck,
die mit den Attributen *zentral/nah/kurz* auf eine Abkehr von der
Pendlergesellschaft hindeuten. Randlagen und Satellitenstädte
wird es auch in hundert Jahren noch geben, haben aber keine ex-
pansive Zukunft vor sich. Wer es sich leisten kann, wohnt citynah.

Die vernünftige Wohnortwahl ist bei Existenz- bzw. Familiengründung eine der wichtigsten Weichenstellungen für ein Familienleben mit Lebensqualität. Dabei ist im wahrsten Sinne des
Wortes ein Kompromiss aus Arbeitsplatz-Standort, leistbarer
Wohnqualität, Freizeitumfeld des Wohnortes und vor allem der
Anschluss an das öffentliche Verkehrsnetz maßgebend. Wege von
und zur Arbeit sind nicht nach beschönigenden Best-case-Szena-
rien, sondern eher nach Worst-case-Szenarien zu kalkulieren.
Eine Stunde mehr oder weniger an täglich vermeidbarer Pendler-
zeit schlägt sich im Verlust oder Gewinn von drei Wochen an
Familien- oder Freizeit pro Jahr nieder. Neben der Zeitverwendung
wird das Mobilitätsverhalten zu einem wesentlichen Faktor an
Lebensqualität: Lieber die zweitbeste Wohnung und die beste, an
das eigene Mobilitätsverhalten angepasste Verkehrsanbindung!

Wohnqualität bedeutet, dass sich die Bewohner mit ihren Quar-
tieren identifizieren, sich dort wohlfühlen und bereit sind, die
weitere Entwicklung von Stadtteil und Wohnquartier verantwortlich mitzugestalten. Eine Wohnung inmitten von Menschen und
urbanem Leben gleicht auf den ersten Blick einem *Sehnsuchtsort*
mit unverwechselbaren Geräuschen und Gerüchen, wo kleine
Tische stehen, „Kaffeeduft in der Luft liegt, leichter Wein in be-

schlagenen Gläsern moussiert und Stimmen, Rufe, Autohupen sich kakophonisch verwirren. Eine Stadt, die tags und nachts trubelt, sommers wie winters, bei Wind und Wetter, stets quirlig, laut und lärmend. Eine Stadt der flüchtigen Begegnungen, der werthaltigen Gespräche und zivilen Umgangsformen, wo hinter den großen Fenstern der Cafés und Restaurants die Gabeln klirren und schöne Frauen leise über die Reden der Dichter lachen":[44] *Belebt. Bildhaft. Bunt. So möchte man in Zukunft gerne wohnen und leben.*

Das muss sich im (vor allem in Österreich) ländlich geprägten Raum freilich anders darstellen. Dort gilt die Anbindung an den öffentlichen Verkehr als Voraussetzung für alle weiteren Überlegungen. Der öffentliche Verkehr muss sich an den gut geplanten Siedlungsachsen ausrichten. Diese müssen wiederum von den Menschen mehr als bisher aktiv mitgeplant werden. Um der Landflucht entgegenzuwirken, muss man jungen Menschen Arbeitsplätze in der Region und eine unkomplizierte, leicht leistbare (!) Mobilität ermöglichen. Die *Anbindung an das Leben* ist eine Voraussetzung für die ausschließlich subjektiv definierte Lebensqualität.

Jeder zweite Bürger lebt in ländlichen Regionen. Vielen Bewohnern auf dem Land fehlt eine zukunftssichere Lebensperspektive – von der medizinischen Versorgung über Energie und Mobilität bis zur Logistik. Mehr als jeder dritte Landbewohner hat keinen Supermarkt in fußläufiger Entfernung. Alle Zukunftshoffnungen richten sich jetzt auf eine stärkere digitale Vernetzung durch ‚Big Data' und ‚Industrie 4.0', die das Leben auf dem Land wieder lebenswert machen soll, um den Run auf die Stadt aufzuhalten. Die finanziellen Mittel fließen aber viel zu zögerlich in diese Regionen.

Die Landbewohner erweisen sich folglich als schärfste Kritiker der Politiker. Sie werfen ihnen eine Politik des Nichtstuns und der ungerechten Verteilung vor. Sie fühlen sich in ihrer Grundversorgung vom Lebensmitteleinkauf über den Nahverkehr und die Bildungsangebote bis zur medizinischen Betreuung benachteiligt und weitgehend ausgeschlossen. Landbewohner sind noch mehr als die Großstädter davon überzeugt, dass die Politiker „den Herausforderungen der Zeit immer weniger gewachsen" sind und die Belange der Menschen vor Ort kaum kennen. Der nationale Wettbewerb in Deutschland, „Unser Dorf hat Zukunft", droht so fast zum Abgesang „Unser Dorf stirbt aus" zu werden. Über die regionale *Verteilung von Wachstum, Wohlstand und Lebensqualität* muss auch länderübergreifend neu entschieden werden. Sonst drohen Leerstände auf dem Lande und Mietenexplosionen in der Stadt.

Zu den Sonnenseiten des Lebens in der Zukunft gehören sicher neben den Wohn- auch die *Konsumfreuden.* Was in früheren Jahrhunderten Glanz und Gold in Kirchen und Kathedralen waren, werden in Zukunft die Konsumtempel und Einkaufspassagen sein, die Wohlstand und Luxus demonstrativ zur Schau stellen. Nicht jeder Passant wird sich alles leisten können. Aber es tut offensichtlich gut und trägt zum Wohlbefinden bei, jederzeit flanieren zu können, ohne gleich etwas kaufen oder besitzen zu müssen.

Immer mehr junge Menschen müssen mangels Zukunftsperspektive von zu Hause wegziehen, weil auch die Arbeitsplätze von dort wegziehen. Zukunft bedeutet für sie zunächst einmal: Arbeit und Arbeitsplatzsicherheit. Die Flucht der jungen Generation in Großstädte und Ballungszentren wird weiter zunehmen. Zurück bleiben *dünn besiedelte, überalterte Landregionen.* Es mangelt aber bisher an repräsentativen und verlässlichen Statistiken zum Wohnungsleerstand – meist nur unzureichend ermittelt durch das Erfassen von „abgeklemmten" Stromzählern.

Eine schrumpfende Region hat vor allem die *Abwanderung junger Menschen* zu beklagen. Damit verbunden ist der Verlust infrastruktureller Einrichtungen vom Kindergarten bis zur Schule, aber auch die gesamte Kulturszene ist davon betroffen.

Geht andererseits auch ein wesentlicher Teil urbaner Lebensqualität verloren? Vergreisende Kleinstädte oder Stadtteile und manchmal zerbröselnde Familienstrukturen, Auflösung des Bildungsbürgertums und Ausweitung der Stadtbevölkerung mit Migrationshintergrund in eigenen Stadtteilen sorgen in Zukunft für Kontraste, Konflikte und Polaritäten.

Immer mehr *ländliche Regionen werden nicht mehr zukunftsfähig sein.* Denn: Ländliche, abgelegene Kommunen gehören fast überall zu den „Verlierern der demografischen und wirtschaftlichen Entwicklung".[45] In den nächsten zwanzig Jahren wird fast die Hälfte aller Gemeinden vom Schrumpfen betroffen sein. *Zukunftschancen* haben dann nur noch *Regionen im Umland großer und wirtschaftsstarker Städte oder Regionen* mit guten Freizeit- und Erholungsmöglichkeiten.

Was können die Betroffenen dagegen tun? Die ländlichen Kommunen und ihre Bevölkerung dürfen nicht nur auf die Lösungskompetenz „von oben" warten. Sie müssen zunehmend ihre Zukunft selbst in die Hand nehmen und die Chancen der Digitalisierung, der Entwicklung zur Dienstleistungsgesellschaft sowie die Möglichkeit, auf diesem Weg vieles „von zu Hause" aus erledigen zu können, wahrnehmen. Wo sich Menschen wohlfühlen, gerne leben *und* arbeiten, dort werden sich auch wieder zunehmend Betriebe ansiedeln …

Vor dem Hintergrund eines langen Lebens bekommen Wohnung und Eigenheim als Zentren der Beschäftigung und Eigenarbeit eine große Bedeutung. So kühn und flexibel manche Architekturentwürfe des 21. Jahrhunderts auch aussehen mögen: Wird am Ende doch nur das Einfamilienhaus mit Satteldach und Wintergarten gekauft? Mehr Heidi-Stil als Colani-Design? Die Wohnung bleibt auch in Zukunft eine „gemütliche" Wohlfühloase. Die Kombination aus Lohnwert, Wohnwert und Freizeitwert entscheidet darüber, ob die Menschen am Ort wohnen bleiben oder permanent mobil sein wollen.

Nach Ansicht des Amerikaners Jeremy Rifkin[46] treten in Zukunft *Netzwerke an die Stelle der Märkte* und *aus dem Streben nach Eigentum wird ein Streben nach Zugang ("access")*, dem raschen Zugriff auf Kontakte und Ideen, Güter und Dienstleistungen. Die *Verfügbarkeit* wird den Menschen wichtiger als das Eigentum an einer Sache. Ein solches Umdenken kann einen radikalen sozialen Wandel auslösen und den Blick des Menschen auf sich selbst und seine sozialen Beziehungen nachhaltig verändern. Damit wird von den jungen *Generationen Y und Z* aber *eine grundsätzliche Abkehr von ihrer Erziehungs- und Sozialisationsvergangenheit gefordert.*

Gemeinschaftserlebnisse und persönliche Unterhaltung in Themenstädten und -parks, Wellness- und Entertainmentcentern, bei Mode und Essen, Glücksspiel und Musik lassen eine neue Erlebnisökonomie entstehen, in der *"lifetime values"* im Mittelpunkt stehen. *"Access"* bedeutet dann *Zugang zu persönlicher Lebenserfüllung.*

Lebensabschnitte und Lebensstile entscheiden über die sich jeweils daran anzupassende Wohnform der Zukunft. Die Menschen wollen und sollen beruflich offen, räumlich mobil und sozial disponibel bleiben. Flexibles Wohnen ist angesagt. Wer seine Arbeit oder seinen Partner wechselt, zieht woanders hin.

Die Mobilitätsanforderungen im Beruf werden höher und die Familiengründung findet immer später statt – jenseits von 30 und manchmal erst um 40. Diese Entwicklung fördert den *Trend zur Lebensabschnittsimmobilie,* was sich nachteilig für den

Eigentumserwerb auswirkt. Junge Leute sollen sich nicht – fast sprichwörtlich – durch ein „Haus am Bein" in ihrer beruflichen und familiären Bewegungsfreiheit eingeengt fühlen. Und ältere Leute sind froh, wenn sie durch den Hausverkauf, so sie noch eines besitzen, in ihrer Lebensplanung wieder freier werden – psychologisch, räumlich und auch finanziell.

- Mit dem demografischen Wandel hört die Familie bzw. die Zweigenerationenfamilie auf, Idealtypus der Gesellschaft zu sein. *Der Trend geht zur Mehrgenerationenfamilie – aber nicht immer unter einem Dach* (= multilokale Generationenbeziehungen).

- Mit der Zunahme der Lebenserwartung muss jede(r) viele und vielfältige Lebensphasen (und damit Wohnformen) durchlaufen. Idealerweise müsste mit jeder neuen Lebensphase das Haus bzw. die Wohnung *umgebaut und neu eingerichtet* werden. Die Immobilie wird mobil.

- Das Wohnangebot muss in Zukunft für den *Zusammenhalt* mehrerer Generationen sowie für nichtfamiliale Netzwerke (einschließlich Nachbarschaften) förderlich sein.

- „Alle unter einem Dach – aber jede(r) für sich": Das muss in zukünftigen Mehrgenerationenhäusern möglich sein. *Mehrgenerationenwohnen* wird wie auch *Lebensgemeinschaft* neu definiert.

- Nach ersten Befunden einer umfangreich angelegten Studie der Universität Erlangen-Nürnberg über das Leben in der zehnten Dekade des Lebens leben derzeit fast drei Viertel (72%) der über 90-Jährigen noch in eigenen Wohnungen und führen dabei ein weitgehend selbstbestimmtes Leben. Was hauptsächlich zu ihrem guten und gesunden Leben beiträgt, sind nachweislich „die sozialen Beziehungen und der enge Kontakt mit nahen Angehörigen". Positive Erfahrungen verhelfen Menschen im hohen Alter, gesundheitliche Belastungen zu bewältigen und mit Stress im Alter besser umzugehen.[47] Die soziale Einbindung sorgt für ein positives Lebensgefühl und stärkt den Lebenswillen. Was für ein gutes Leben im Alter wirklich wichtig ist? Die Antwort, pointiert: Der Kontakt zu Familie und Freunden ist wichtiger als die Frage, ob man eine Arthrose oder eine Gürtelrose hat.

Dem urbanen Wohnen gehört die Zukunft. Denn Wohnen fängt mit dem Wohlfühlen an – mit dem Sicherheitsgefühl im Wohnquartier, mit dem Gefühl, vor der Haustür oder um die Ecke medizinisch durch Arztpraxen und Krankenhäuser gut versorgt zu sein und mit dem Glücksgefühl, jederzeit und wohnungsnah Kultur-, Unterhaltungs- und Gastronomieeinrichtungen nutzen zu können. Urbanität wird zum Synonym für Lebensqualität. Dieses Wohngefühl muss mit seinen wesentlichsten Elementen auch in den ländlichen Raum übertragen und daher politisch wie privat eingeplant werden.

Immer mehr junge Familien fliehen in die Stadt und träumen nicht mehr nur vom Häuschen im Grünen. Die in die Jahre gekommenen Einfamilienhäuser in ländlichen Regionen müssen mit Wertverlusten rechnen. Hauptmotiv für die Landflucht ist die Hoffnung der Eltern, den Kindern in der Stadt mehr Lebens- und Bildungschancen bieten zu können. Sie denken aber auch an ihre eigenen Berufschancen. Die Stadt bietet mehr Möglichkeiten für die Doppelerwerbstätigkeit beider Elternteile.

Das Zeitalter des urbanen Zukunftspessimismus geht zu Ende. Noch bis in die Neunzigerjahre hatte man den Niedergang der Städte prognostiziert und über ihre Unwirtlichkeit als Anstiftung zum Unfrieden geklagt. „Rettet unsere Städte jetzt!", lautete beispielsweise 1971 die dramatische Forderung des Deutschen Städtetages. Das alles war einmal. Für die nächsten Jahre zeichnet sich ein Stimmungsumschwung in der Bevölkerung ab und die Leitlinie lautet eher: *„Ohne Städte ist kein Staat zu machen!"* Die Bürger entdecken die Qualität des Stadtlebens wieder, die Innenstadt als lebenswerten Wohnraum, in dem sie sich wohlfühlen können. Umso wichtiger wird freilich auch der ländliche Raum als komplementärer Lebensraum!

In den nächsten Jahren müssen Wohnungs- und Städtebaupolitik von folgenden zehn Prioritäten ausgehen, die allerdings verstärkt auch von den Wohnungssuchenden zu beachten sind:

1. Mehr Lebensqualitätsverbesserung als Lebensstandardsteigerung

2. Mehr Wohnflächenwachstum als Bevölkerungswachstum

3. Mehr Innenstadtförderung als Bauen auf der grünen Wiese

4. Mehr Hausgemeinschaften als Wohngemeinschaften

5. Mehr Lebensstilmiete als Wohnungskauf

6. Mehr Nachbarschaftshilfe als Sozialamtshilfe

7. Mehr Servicewohnen als betreutes Wohnen

8. Mehr ambulante Dienste als stationäre Pflege

9. Mehr Wohnen daheim als Einweisung ins Heim

10. Mehr ländliche Wohnraumförderung als urbane Attraktivitätssteigerung.

Andernfalls drohen auf dem Land die Preise für *Einfamilienhäuser* in den kommenden zehn bis fünfzehn Jahren um die Hälfte zu fallen und eine Immobilienkrise großen Ausmaßes auszulösen. Der Leerstand kann dann dramatisch steigen. Dem Preisverfall auf dem Land steht der Run auf Stadtwohnungen gegenüber – mit der Folge von Mietpreisexplosionen, Wohnungsnot und wachsender Ungleichheit. Davon ist insbesondere die ältere Generation betroffen, für die Wohnungen in zentraler Lage immer weniger erschwinglich sind.

Für junge Leute kann das aber anderseits eine große Chance bedeuten. Wer sich mit neuen Geschäftsideen, mit einer *„Start-up-Einstellung"*, der wertschöpfenden Komponente der personenbezogenen Dienstleistung und den Möglichkeiten der Digitalisierung, letztlich also mit der ortsunabhängigen Arbeitsplatzwahl zu arrangieren versteht, für den bietet diese Entwicklung den Aufbau einer Familien- und Existenzgrundlage zu besonders günstigen Voraussetzungen!

DER GENERATIONENRATGEBER

7. Lebensbereich: Wohnen/Wohnumfeld

Empfehlungen für die Generation Zukunft

"My home is my castle": Dies trifft sicher für Jugendliche zu. Andererseits leben sie auch sehr außenorientiert und wohnumfeldbezogen. In „ihrem" Zimmer sind sie zuhause. Hier können sie sich einigeln, aber auch abschotten – z.B. gegenüber den eigenen Eltern. Und vor der Haustür und um die Ecke haben sie ihr Revier zum Treffen mit Freunden. In ihrem jugendlichen Alter „besitzen" sie noch nichts, aber nehmen ihr Elternhaus voll „in Besitz". So sorglos werden sie im Leben so schnell nicht wieder wohnen können. Das sollte ihnen klar sein bzw. bewusst gemacht werden.

Empfehlungen für die Generation Lebensplaner

Emanzipation vom Elternhaus – auf der Suche nach dem eigenen Reich: In dieser Lebensphase, in der von der Partnerschaft über die Familiengründung bis zur Karriereplanung alles in Bewegung ist, werden Wohnung, Haus und eventuell Garten zum dominierenden Lebensmittelpunkt. Alles dreht sich um die künftigen eigenen vier Wände. Es ist der Traum vom Eigenheim, der die Lebensplaner tage-, wochen- und monatelang in Atem hält – mental, sozial und finanziell. Realistisch zu planen und sich finanziell nicht zu übernehmen ist dabei wohl das Wichtigste.

Empfehlungen für die Generation Best Ager

Etabliert und gesettled: Das Lebensgefühl der Best Ager spiegelt sich auch im Wohnstil wider. Best Age heißt auch Best Style. Die Wohnung bekommt Persönlichkeitscharakter. Schließlich hat man mehr Zeit und mehr Geld als in früheren Jahren. Die Kinder gehen oder sind aus dem Haus. Zweisamkeit wird neu definiert, Individualität auch. „Wir" und „Ich" führen eine spannungsreiche Beziehung. Bei aller Gemeinsamkeit wird besonderer Wert darauf gelegt, das Eigene zu betonen: „Dies ist mein Reich", oft auch im Sinne von „mein Rückzugsrefugium." Darauf soll man durchaus achten.

Empfehlungen für die Generation Lebenserfahrene

In dieser Lebensphase ist die Identifikation mit dem Wohnumfeld besonders groß. Der Entschluss ist gereift: Hier bleiben wir und ziehen nie wieder weg. Man nimmt öfter teil an lokalen Veranstaltungen und Festen, an kommunalpolitischen Entscheidungen und Wohnumfeldgestaltungen. Man verfügt über einen reichen Schatz an Lebenserfahrung und will das Wertvolle unter allen Umständen erhalten. Die Wohnungseinrichtung strahlt Stabilität aus und ist immun gegen ständige Erneuerungen und trendige Accessoires. Selbstbestimmtheit und Trendunabhängigkeit dürfen die Entscheidungen ruhig dominieren.

111

Empfehlungen für die Generation Beziehungsförderer

„Ich fühle mich wohl in meinen eigenen vier Wänden." Dies ist das bestimmende Lebensgefühl. Alles soll so bleiben, wie es ist. Nichts soll verrückt oder ausgetauscht werden. Einzelteile der Wohnung haben fast Denkmalcharakter – für sich selbst und auch für die Kinder und Enkel. Dieses Gesamtbild sollen die Nachkommen in Erinnerung behalten. Auf eine Formel gebracht: Halten. Erhalten. Zusammenhalten. Lebensglück ist Geborgenheit in der gewohnten Umgebung. Das gibt Sicherheit.

Lebensbereich: Urlaub/Freizeit
Die populärste Form von Glück

Die Urlaubsreise ist vielleicht der letzte Traum vom Paradies, der uns noch geblieben ist. Das im frühen 16. Jahrhundert entstandene Hoffnungsbild vom guten, vom *besseren Leben* lebt in den Urlaubswünschen und Reiseträumen weiter. Mit einem wesentlichen Unterschied: In früheren Jahrhunderten konnten die meisten Menschen nur davon träumen. In Zukunft machen sie ihre Träume wahr. Und die Touristik trägt dafür Sorge, dass die Traumreisen auch Wirklichkeit werden.

Beim Blick in die Urlaubswelt[48] ist von der erlebnispsychologischen Erkenntnis auszugehen:

● Im Urlaub soll alles ganz anders sein.
  Urlaub ist die Idee von einem anderen Dasein, einer Art zweitem Leben oder zweiter Heimat. Die Sehnsucht nach dem ganz anderen ist klar, aber niemand weiß, wie es dort eigentlich aussieht. Also bleibt auch die Vorstellung vom Urlaub der Zukunft notwendigerweise unbeschreiblich.

- Urlaub hat viel mit Inszenierung zu tun.
  Von den Fesseln des Alltags befreit, sehen sich Urlauber selbst als Akteure. Sie übernehmen Urlaubsrollen und wollen dabei glücklich sein. Urlaub gleicht einem inszenierten Spiel.

- Den „Urlaub der Zukunft" gibt es eigentlich nur in der Fantasie. Von neuen Zielen kann man nur noch träumen. Der Blick in die Urlaubswelt von morgen muss realistisch an das anknüpfen, was wir heute schon haben.

Der Urlaub setzt sich aus traditionellen, aktuellen und futuristischen Elementen zusammen. Damit sind ihm ganz natürliche Grenzen gesetzt – zeitlich, räumlich und auch finanziell. Auch der Urlaub der Zukunft hat mehr mit alten Gewohnheiten als mit fantastischen Szenarien zu tun. Man kann den Urlaubern daher nur raten: Steh zu deinen Gewohnheiten und freu dich auf das leistbare Urlaubsglück – man muss nicht alle Trends mitmachen, um es zu finden.

Der Touristikbranche steht in Zukunft eine neue Diskussion bevor: *Urlaubsqualität muss neu definiert werden.* Aus Reiseveranstaltern, Erlebnismachern und Händlern mit Lebensfreude werden zunehmend *Dienstleister für das Wohlbefinden.* Auch wenn es nur wenige Experten und Anbieter wahrhaben wollen, bleibt das subjektiv als „Qualität" empfundene Preis-Leistungs-Verhältnis das wichtigste Buchungsmerkmal. Dann folgen in der Prioritätenliste der Urlauber Gemütlichkeit, Atmosphäre und Gastfreundschaft. Das Atmosphärische, die immaterielle Qualität des Urlaubs, wird immer wichtiger, weil materielle Steigerungen kaum mehr bezahlbar sind. Zum *Flair einer Ferienregion* gehören auch die schöne Landschaft und das gesunde Klima.

Urlaub, die populärste Form von Glück, muss im 21. Jahrhundert eine *Dreifach-Qualität* aufweisen. Dazu zählen die *natürli-*

che Qualität (z.B. Landschaft), die *materielle* Qualität (z.B. preiswerte Unterkunft) und die *immaterielle* Qualität (z.B. freundliches Personal). Alle drei Qualitätsbereiche wollen die Urlauber auf ihrer Reise geboten bekommen – wenn auch in unterschiedlichem Maße. In der Urlaubswelt setzt der Gast die Maßstäbe und nicht der Anbieter oder Veranstalter. Eine reiseerfahrene Schicht fordert Qualitätsstandards, die nachweisbar, aber auch bezahlbar sind. Ein Dilemma für die Reisebranche: Sie soll Klasse versprechen, aber gleichzeitig die Masse zufriedenstellen.

„Ganz schön abenteuerlich": Auf diesen Nenner ließen sich die Urlaubswünsche in den achtziger und neunziger Jahren bringen. Die Reiseziele konnten nicht weit, nicht exotisch und nicht abenteuerlich genug sein. Auf dem Höhepunkt der Wohlstandsentwicklung schienen die Ansprüche an den Urlaub fast aggressiv grenzenlos zu sein. Die Forderungen im warmen Bad des Wohlstands hatten einen Namen: *„Alles!"*

Nach dem 11. September 2001, der Finanz- und Wirtschaftskrise 2008 und der aktuellen Verunsicherung der Verbraucher durch terroristische Anschläge deutet sich ein erster Einstellungswandel an: Abkehr vom Immer-Mehr bzw. Wende zum Weniger. Die veränderte Stimmungslage lässt sich in die Zukunftsformel bringen: „Mehr verwöhnen und nachhaltig erleben." Dies ist die positive Antwort der Verbraucher auf unsichere Zeiten. Laute Events stoßen an ihre Grenzen.

Die Urlaubswünsche an die Zukunft ändern sich. Statt auf Reisen nur das Weite zu suchen, wird das Wohlfühlen, das von innen kommt, als wünschbarer Weg gewählt: Im Urlaub mehr für das persönliche Wohlbefinden tun und Erlebnisse suchen, die man in den Alltag mitnehmen kann, erfahren einen Bedeutungszuwachs, während gleichzeitig der Ferntourismus erste Einbußen hinnehmen muss: Möglichst weit und möglichst exotisch ist weniger gefragt und auch Abenteuerreisen in entfernte unerschlossene Gegenden verlieren an Faszination.

Die wachsende Reise-„Erfahrung" hat die Qualitätsansprüche der Urlauber verändert. Qualität kann nicht mehr *nur* als Geldfrage verstanden werden. Gemeint ist eine subjektiv wahrnehmbare Qualitätsverbesserung für alle – frei nach der Devise „Höchste Qualität für jede Klasse und Kasse". Qualität im Service, in der Infrastruktur und im Atmosphärischen: von der schönen Landschaft über den sauberen Strand bis zur gemütlichen Unterkunft. Wer Reisen verkauft, muss mehr als Transport, Unterkunft und Service bieten.

Urlaubsqualität beginnt beim Zusatznutzen und schließt neben traditionellen Leistungen vor allem Wohlfühlfaktoren ein, also:

- Schönheit der Landschaft,

- Sauberkeit der Unterkunft,

- Sicherheit vor Ort,

- Schutz vor Belästigungen sowie

- Sehenswürdigkeiten in der Umgebung.

Die „5-S-Qualität" (Schönheit, Sauberkeit, Sicherheit, Schutz und Sehenswürdigkeiten) gewinnt zunehmend an Bedeutung.

Festzuhalten ist, dass „Qualität" in erster Linie bedeutet, Erwartungshaltungen zu erfüllen.[49] Ist die Differenz aus erlebtem Gesamtangebot und Erwartungshaltung null oder, noch besser, ein positiver Wert, dann waren Gäste und Kunden zufrieden. Qualität im Tourismus ist weitgehend subjektiv und daher im Wesentlichen relativ. Und zu seiner ganz persönlichen Qualitätsdefinition soll jeder Urlauber, jede Urlauberin auch selbstbewusst stehen. Die Erwartungshaltungen realistisch zu setzen, ist daher die Basis für Urlaubsglück und Urlaubszufriedenheit.

Bei der Bewertung von Ferienregionen rangieren in der Einschätzung der Urlauber Atmosphäre-Faktoren wie Gemütlichkeit und Gastfreundschaft, Sauberkeit und Sicherheit vor materiellen Angeboten wie Aktivurlaubsangebot oder Kulturvielfalt.

Eine Sorge breitet sich jedoch in der Touristikbranche aus: Auf dem Weg in die Zukunft könnten den Urlaubsmachern langsam die Ideen ausgehen. Die Reisenden hätten fast alles schon erlebt und im 21. Jahrhundert gebe es keine touristischen Abenteuer mehr. Es sei nicht mehr möglich, nach neuen Ufern aufzubrechen, Reisen sei alltäglich und der Tourismus eine Banalität geworden. Doch was passiert, wenn wir fast schon alles gesehen haben, wenn es keine echten Erlebnisse und keine natürlichen Herausforderungen mehr gibt? Wird dann die Devise „Bleib zu Hause" als moderne Urlaubsweisheit ausgegeben, weil die Reiseziele in einer „Wüste der Langeweile" (Baudelaire) unterzugehen drohen?

Auch wenn alle Abenteuer schon einmal erlebt und alle fremden Völker und Länder von anderen schon besucht wurden, darf der individuelle Wunschtraum wach bleiben: Ich möchte Christoph Columbus, Robinson Crusoe, Tarzan oder James Bond sein.

In Zukunft wird es jedoch immer schwieriger, im Massentourismus Erlebnisse mit bleibendem, nachhaltig wirkendem Charakter (und nicht nur inszenierte Events) anzubieten. Der Tourismus, der größte Arbeitgeber der Welt, der mehr Beschäftigte als die Automobilindustrie oder die Medienbranche hat, kann im 21. Jahrhundert fast alles aushalten – Kriege, Krisen und Konflikte – nur eines nicht: Langeweile. Für die Touristen bedeutet dies, den schmalen Grat zwischen Langeweile und Urlaubsqualität bringender Muße für sich selbst zu finden.

Wenn die organisierte Reise durch Rundum-Sorglos-Pakete zu professionell, zu perfekt und zu sicher wird, kommt zwangsläufig Langeweile auf. Die Gefahr besteht, dass die Urlaubsangebote der Reiseveranstalter bald nicht mehr mit den Erlebniserwartungen der Urlauber übereinstimmen. Das aber kann folgenreich sein. Die „Weiße Industrie" wird sich erneuern – sonst steht sie sich selbst im Wege.

Jules Verne träumte im 19. Jahrhundert noch davon, in 80 Tagen um die Welt zu reisen. Heute gibt es im Rahmen des Tagungstourismus zeitsparende Kultur- und Bildungsangebote wie z.B. „In zwei Stunden durch 1 000 Jahre Bamberg" oder gar „In 50 Minuten durch 2 000 Jahre Wiener Geschichte". In Zukunft kann selbst ein Jahrhunderte alter Menschheitstraum noch in greifbare Nähe rücken: der *Weltraumtourismus*. „Erdumrundung in 80 Minuten."

Der Flug ins All wird in mittelferner Zukunft keine Utopie mehr bleiben, weil neue Geldströme erschlossen werden und Politik und Militär, Weltraumforschung und Tourismusbranche gemeinsam an einem Strang ziehen: Es geht um die Eroberung eines neuen riesigen Wirtschaftsmarktes, der es den Reisenden von morgen erlaubt, schwerelos und vielleicht auch gewissenlos an die Himmelspforte zu klopfen und lautstark zu fordern: „Macht das Tor auf – ich habe es bezahlt. Und: Ich habe es mir verdient!" Dieser aggressive Griff nach den Sternen gleicht eher einem letzten verzweifelten Sehnsuchtsschrei des Menschen nach dem verlorenen Paradies. Ein vermessener Wunsch, der unerfüllbar bleibt. Eventuell solltest du dir aber doch noch ein paar Urlaubsträume aufheben und nicht alle morgen wahr machen wollen. Das Schönste, nicht nur am Urlaub, ist doch die Vorfreude. Tu etwas, um sie stressfrei zu genießen!

Tourismus ist eine emotional besonders aufgeladene bzw. verdichtete „Freizeit". Freizeit kann im 21. Jahrhundert keine Restzeit mehr sein. Sie ist vielmehr eine neue Schaffens- und Leistungszeit, in der ungeheuer viel für die Gesellschaft „gearbeitet" wird. Ehrenamt und gemeinnützige Arbeit in NGOs, in caritativen oder Rettungsinstitutionen, in zahlreichen Vereinen oder Verbänden, im privaten oder soziokulturellen Bereich stellen ein unverzichtbares gesellschaftliches Leistungspotenzial dar, das in die Milliarden Arbeitsstunden geht oder einem BIP-Anteil im Ausmaß von Industrie, Baugewerbe oder Tourismus entspricht. Beide – Ehrenamt und gemeinnützige Arbeit – stellen darüber hinaus den sozialen Zusammenhalt der Gesellschaft sicher.

Man kann es sich nicht oft genug vor Augen halten: Nur 14 Prozent unserer Lebenszeit verbringen wir in Ausbildung und Beruf, mehr als die Hälfte unseres Lebens ist hingegen *sogenannte Freizeit*, die in der öffentlichen Diskussion häufig mit „freier Zeit" gleichgesetzt wird. Entscheidend ist aber allein das Ausmaß an *selbstbestimmter Zeit*, also jene Zeit, in der ich unabhängig von Verpflichtungen, Abhängigkeiten oder eben Fremdbestimmung meinen eigenen Wünschen, Vorstellungen oder Neigungen nachgehen kann.

Die Freizeit ist für die meisten Menschen jene Zeit, in der sich die eigentlichen Sehnsüchte, Wünsche und Hoffnungen, aber auch Sorgen und Ängste äußern. Nicht vielen Menschen ist es möglich, sich im Beruf zu verwirklichen. Für die meisten findet Selbstverwirklichung mehr im außerberuflichen, privaten oder familiären Bereich statt. Den gilt es in Zukunft bewusst für sich selbst zu nutzen. In vielerlei Hinsicht, in materieller und in immaterieller.

Freizeit hat die Arbeit an lebensbestimmender Bedeutung erreicht. Ähnlich wie seit den Siebzigerjahren das Weibliche, das Ökologische und das Emotionale im Werteempfinden der Bevölkerung mit dem Männlichen, dem Ökonomischen und dem

Rationalen gleichgezogen hat, haben sich Arbeit und Freizeit als untrennbare, *gleich wichtige* Bereiche im Leben der Menschen etabliert. Eines ist ohne das andere nicht viel wert. Arbeitslose haben keine Freizeit!

Mit diesem Aufholen bisher zu wenig beachteter „Werte" tut sich das politische Establishment so schwer. Das „Sowohl als auch", die neue Ganzheitlichkeit dominiert zwar Lebensstile und Lebensplanung der Menschen, nicht aber die Politik der Zukunft. Für uns ist das eine der Hauptursachen dafür, dass sich die Menschen von der Politik immer weniger vertreten und angesprochen fühlen.

Freizeit ist für viele gleichbedeutend mit Freiheit. Frei *für* etwas zu sein ist etwas ganz anderes als frei *von* Mühsal, Anstrengung oder Bevormundung zu sein. Freizeit trägt jene Merkmale von Selbstbestimmung, die zunehmend auch die Arbeitswelt erreichen. Nicht Arbeit oder Freizeit, sondern Fremdbestimmung oder Selbstbestimmung sind die entscheidenden Kriterien für Lebenszufriedenheit, Lebensqualität und damit Lebensglück.

Was die heutige Freizeit grundsätzlich vom „Feierabend" früherer Zeiten unterscheidet, ist weniger der Umfang als vielmehr die Art der Verteilung der arbeitsfreien Zeit im Laufe eines Jahres, wie z.B. die Gewährung von Freizeitblöcken (langes Wochenende, Urlaub). Mit der veränderten Verteilung von frei verfügbarer Zeit aber ändert sich auch die Art ihrer individuellen Verwendung, so dass sich die moderne Freizeit auch qualitativ von früheren Formen unterscheidet. Sie dient nicht mehr nur der Wiederherstellung der Arbeitskraft.

In Zukunft wird es ein Novum in der Zeitbudget-Entwicklung geben: Die Obligationszeit, die Zeit für alltägliche Verpflichtungen und Verbindlichkeiten, wird rapide zunehmen. Die Erfüllung

obligatorischer Alltagsaufgaben wird mehr Zeit in Anspruch nehmen als die Erwerbsarbeit. Dazu gehören zeitaufwendige

- Haushalts- und Reparaturarbeiten,

- Einkäufe und Konsumentscheidungen,

- Online-Erledigungen,

- Behördengänge, Erledigungen und Besorgungen,

- familiäre und soziale Verpflichtungen sowie

- gemeinnützige Tätigkeiten und Freiwilligenarbeit.

Die Menschen wollen wieder mehr Zeit für die Familie haben,
infolgedessen fordert die Familie auch mehr von ihnen. Und die
privaten und sozialen Verpflichtungen werden – subjektiv – zunehmend Muss-Charakter annehmen: Ohne Angabe von Grün-
den wird man sich Einladungen, Ehrenämtern und Sozialen-
gagements kaum mehr entziehen können. Die durch Arbeits-
zeitverkürzung gewonnene Zeit geht zwar der Erwerbsarbeit
verloren, wird aber nur zum Teil der eigenen Freizeit zugute-
kommen. *Die Zunahme sozialer Verpflichtungen wird das Bewusstsein von der eigenen Zeitnot auch in Zukunft wachhalten.*

Quantitativ und qualitativ unterscheidet sich die Freizeit heute
von früheren Freizeitformen. Auch gegenwärtig findet Erholung
von der Arbeit in der Freizeit statt, aber die Freizeit ist nicht
mehr nur – wie im 20. Jahrhundert – Erholungszeit. Für die
überwiegende Mehrheit der Bevölkerung hat die Freizeit einen
eigenständigen Wert bekommen. Freizeit ist in erster Linie *eine
Zeit, in der man tun und lassen kann, was einem Spaß und Freude macht.* Aus einem arbeitsabhängigen Zeitbegriff, der Freizeit
negativ als Abwesenheit von Arbeit definierte, hat sich ein positives Freizeitverständnis entwickelt: Freizeit ist eine Zeit, in der
man *für etwas frei ist.*

Freizeit verliert zunehmend ihre Bedeutung als arbeitsfreie Regenerationszeit. Umso mehr richten sich die Hoffnungen auf die Freizeit als Synonym für Lebensqualität und Wohlbefinden. Das aber heißt: Sich wohlfühlen, das tun und lassen können, was Spaß und Freude macht, das Leben in eigener Regie gestalten und viel mit Familie und Freunden unternehmen.

DER GENERATIONENRATGEBER

8. Lebensbereich: Urlaub/Freizeit

Empfehlungen für die Generation Zukunft

Noch nie hat es eine junge Generation gegeben, die so viel Freizeit zur Verfügung hat und gleichzeitig so mobil ist. Die Jugend genießt diese neue Freiheit und erwartet vor allem eines: viel. Viele Menschen. Viel zu sehen. Für die Generation Zukunft sind Freizeit, Urlaub und Reisen so wichtig wie die Grundbedürfnisse Wohnen und Kleiden. Erlebnismobilität heißt ihr Zauberwort. Dahinter steht die Angst, im Leben etwas zu verpassen. Die Jugendlichen wollen sagen können: „Wir sind dabei gewesen!" Als Erlebnisreisende sind sie unerbittlich: Sie verlangen nach immer mehr Auf- und Anregungen. Eine Gefahr für sie, wenn das Geld knapp und das Angebot der Reiseanbieter langweilig wird? Nicht unbedingt. Die junge Generation bleibt von Krisen nicht verschont. Sie muss sich darauf einstellen, dass es Grenzen für das Genießen von Freizeit und Reisen gibt – ökonomische, ökologische und auch ganz individuelle.

Empfehlungen für die Generation Lebensplaner

Das beliebteste Reiseziel junger Familien mit Kindern ist das Inland – 1950, 1990 und 2038 wohl auch. So gesehen reist der

Alltag immer mit. Für diese Generation ist die Urlaubsreise ein Höhepunkt ihres alltäglichen Freizeitlebens. Wohlgefühl, Sorglosigkeit und Lebensfreude werden gesucht – auch als Kontrast zu Feierabend und Wochenende zu Hause. Die wirklich positiven Erlebnisse finden in der Regel "outdoors" statt. Im Freien hat das familiäre Zusammensein weniger zwanghafte Züge. Wochenendfreizeit und Urlaub stehen unter dem Motto: Nachholen, was unter der Woche versäumt wurde. Weg vom alltäglichen Standard-Programm: „Wir machen alles gemeinsam". Ein Risiko, weil die Gefahr besteht, alle Versäumnisse des Alltags („Schuldgefühle") in gedrängter Zeit nachholen zu wollen.

Empfehlungen für die Generation Best Ager

Die Best Ager sind Menschen im besten Alter – auf dem beruflichen und privaten Höhepunkt des Lebens. Sie machen das Beste aus ihrem Leben: Von der Wochenendreise bis zum Campingausflug, vom Ostsee- oder Mittelmeerurlaub bis zur Kreuzfahrt. Sie leben nicht mehr, um zu arbeiten. Sie arbeiten, um zu leben. Sie haben sich ihren FreiZeitGewinn des Lebens erarbeitet und verdient. Beruflich weiter eingespannt und gesellschaftlich anerkannt, leben sie pionierhaft das vor, was der jungen Generation als Ideal vorschwebt: Die Vereinbarkeit von Familie und Karriere, von Privat- und Berufsleben: Aktivität als Salz des Lebens.

Empfehlungen für die Generation Lebenserfahrene

Die 60plus-Generation ist eine neue „Generation Superior". Sie kann und will mehr aus ihrem Leben machen. Sie ist eine Generation des Übergangs, eine Zwischen-Generation zwischen Arbeit und Ruhestand. Bis in die Achtziger- und Neunzigerjahre hinein trug die Rentengeneration die Züge einer

Frühstücksgesellschaft (man ist „dabei", hat aber nichts mehr „zu sagen"). Jetzt begreift sie ihre Lebensphase positiv als Chance und Aufgabe. Auch für Freizeit und Urlaub gilt: „Carpe diem" – nutze und genieße den Tag. Diese Generation genießt den Zeitwohlstand, den Beziehungsreichtum der Familie und auch den Sinngewinn des Lebens durch Aktivität, Eigeninitiative und Unternehmungslust. Wer dieses Alter erreicht, entdeckt den Wert von Freizeit und Urlaub neu. Diese Generation muss nicht mehr nach der Uhr leben. Sie braucht nur noch sich selbst etwas zu beweisen. In Sachen Reiseerfahrung agiert diese Rentnergeneration wie eine Trendnergeneration: Sie gibt in zunehmendem Maß die Reiseziele und Reisestile vor und prägt damit die Reisetrends der Zukunft.

Empfehlungen für die Generation Beziehungsförderer

Selten waren die Generationenbeziehungen so eng und so langlebig wie heute. Immer dann, wenn andere in der Familie Zeit haben – nach Feierabend, am Wochenende und im Urlaub – steht die Generation Beziehungsförderer bereit: Zuhören. Fragen. Reden. Erfahrung weitergeben. Miteinander etwas tun. Man ist in der Lebensfreizeit angekommen, um sie mit anderen nach deren Wünschen zu teilen. Gerade die Großeltern-Enkel-Beziehung eröffnet hier neue Kommunikations- und Verständigungsmöglichkeiten. Die Generation Beziehungsförderer steht mit Rat und Unterstützung bei Problemen zur Verfügung, macht Geschenke und unterstützt finanziell. Und sie agiert als Vermittler, wenn der Kontakt innerhalb der Familienmitglieder gestört ist oder abzubrechen droht. In dieser Lebensphase finden gemeinsame Unternehmungen und Reisen von Großeltern und Enkeln statt, um die Eltern zeitweilig zu entlasten.

Lebensbereich: Konsum/Medien
Begrenzung statt Entgrenzung

In den Achtziger- und Neunzigerjahren machte der Konsument das Einkaufen zur modernen Schatzsuche und lebte problemlos mit einer *gespaltenen Konsummoral*: „Mir persönlich geht es gut – aber mit der Wirtschaft geht es bergab." Heute – ein Vierteljahrhundert später – ist diese Konsummoral geradezu auf den Kopf gestellt: „Der Wirtschaft geht es gut – aber ich persönlich habe finanzielle Sorgen". Notgedrungen sucht der Konsument die für ihn richtige Mitte und arrangiert sich mit einem *Leben nach Maß*.

Zudem bekommt die gesamte Konsumszene den demografischen Wandel zu spüren. Denn eine „alternde" Gesellschaft führt auch zu veränderten Konsumbedürfnissen: *Für ältere Generationen ist Konsumlust fast ein Fremdwort*, weil die persönliche Lebensqualität wichtiger ist. Die überwiegende Mehrheit der 50plus-Generationen vertritt mittlerweile die Auffassung: „Das Konsumieren und Geldausgeben macht bald keinen Spaß mehr." Immaterielle Lebensqualitäten zählen mehr und sind für sie auch nachhaltiger. Vorbei die Zeiten, in denen die Menschen fast mit vollen Händen Geld ausgeben konnten und wollten.

Andererseits ist auch ein gegenläufiger Trend feststellbar: Je mehr die einen sparen, desto mehr leisten sich die anderen. Im Konsumbereich manifestiert sich eine Zwei-Klassen-Gesellschaft, in der sich Familien und Ruheständler auf der einen, junge Erwachsene, Singles und kinderlose Paare auf der anderen Seite gegenüberstehen. Die Polarisierung im Konsumverhalten der Bevölkerung äußert sich im konkreten Kaufverhalten: Es boomen Marken aus den unteren Preissegmenten genauso wie hochpreisige Spitzenprodukte. Auf der Strecke bleiben langfristig Produkte der mittleren Preisklasse.

In Neapel soll es angeblich Fußballfans geben, die lieber eine kleinere Wohnung nehmen, um für das Ersparte ins Fußballstadion gehen zu können. Die zunehmende Spaltung der modernen Verbraucherseele

- in die Motivationsgruppe des Versorgungskonsums, die möglichst *schnell, problemlos und auf dem kürzesten Wege* das zum Leben Notwendige besorgen will („Dann haben wir es hinter uns!") und

- in die Motivationsgruppe des Erlebniskonsums, die möglichst *lange, genussvoll und unbeschwert* bei den angenehmen Seiten des Konsums verweilen will („Viel Zeit für das mir Wesentliche haben")

kann manche Anbieter fast zur Verzweiflung bringen. Denn mitunter sind es dieselben Kunden oder Gäste, die einmal hetzend vorbeirauschen und dann wieder schlendernd flanieren. Der Umgang mit den unberechenbaren Konsumenten wird nicht konfliktfrei verlaufen, denn *unter Zeitnot leiden* sie letztlich alle: Die Versorgungskonsumenten „wollen" keine Zeit verlieren und die Erlebniskonsumenten „müssen" Zeit gewinnen und genießen.

Der amerikanische Literatur-Nobelpreisträger Saul Bellow sagte uns für die Zukunft ein Martyrium unseres modernen Bewusstseins voraus. Wir erleben dann, so vermutete er, eine *neue Form des Leidens*, das wir gar nicht mehr als Leiden erkennen, weil es in der Gestalt von Vergnügungen auftritt. In endloser Serie konsumieren wir Dinge, die uns ständig neue Höhepunkte liefern: „Alles steht bereit für ein Leben in Bequemlichkeit, mit Tempo und mit Spaß. Und dann gibt es etwas in uns allen, das sagt:

Und was jetzt? Und was dann?"[50] Sitzen wir in Zukunft im Bistro oder im Kino, bei der Party oder auf einer Ferieninsel und fragen uns: Was nun? Nirgends mehr gibt es einen Ruhepunkt, der mit Sinn und Selbstbesinnung verbunden ist.

„Habt Mut zur Muße!", möchte man allen Generationen zurufen. Müßiggang war nie aller Laster Anfang. Gerade durch ihn entstehen jene Gedanken und Entscheidungen, die das eigene Leben und manchmal auch die Entwicklung der Gesellschaft positiv beeinflussen.

Denn wenn wir ehrlich sind, dann werden wir doch erdrückt von vielen schönen Dingen und wunderbaren Dienstleistungen. In gewisser Weise sind wir ihnen dienstbar und nicht sie uns. Befinden wir uns in der Gewalt einer riesenhaften Erlebnisindustrie, die sofortige Glückserfüllung verspricht, aber permanenten Konsum meint? Und ist nicht das Outsourcen von Dienstleistungen wie Onlinebanking, Ticketbuchungen, Reservierungen etc. an uns selbst gerade das Gegenteil von „Dienstleistung"? Kostet es uns selbst nicht genau jene Zeit, die sich die Anbieter ersparen? Und die uns dann als Mußezeit im Alltag fehlt?

In Zukunft kann ein *bescheideneres Leben* genauso erstrebenswert sein wie ein komfortableres Leben. Beides muss möglich sein, wenn die Konsumwelt die Sinnperspektive nicht aus den Augen verlieren will. Die Befürchtungen aus den Achtzigerjahren, dass der Konsum Stresscharakter bekomme und ein Opfer des Immer-Mehr werde, müssen sich nicht erfüllen. *Mehr Eigeninitiative als Konsumhaltung* – das kann die Leitlinie zukünftigen Lebens sein. Lebensstandard darf nicht mit Lebensqualität verwechselt werden. Manchmal stehen sie sogar im Gegensatz zueinander.

Die Hoffnung wächst, dass die Menschen *künftig ihr Leben wieder mehr selbst aktiv gestalten* und eigene Ideen und Initiativen entwickeln. Die vorschnelle Gleichsetzung von Konsum mit Passivität wird so nicht Wirklichkeit. Auch in Zukunft wird vieles, was zum Genießen einlädt und Spaß macht, Geld kosten. Daneben aber gewinnen Eigeninitiative, Selbermachen und Selbst-aktiv-Sein wieder an Bedeutung. Konsum hört auf, nur Ersatz für ein gutes Lebensgefühl zu sein. In Zeiten knappen Geldes müssen und wollen die Menschen gezielter aus dem Konsumangebot auswählen und sich beim Geldausgeben bewusster und sparsamer verhalten. Wertvoll kann in Zukunft das werden, was man nicht teuer erkaufen muss. Mit ziemlicher Sicherheit ist das sogar ein Gewinn an Lebensqualität.

Die in den Achtziger- und Neunzigerjahren euphorisch propagierten Individualismus-, Hedonismus- und Erlebnisorientierungen werden den Verbraucher im 21. Jahrhundert nur mehr bedingt charakterisieren können. Die Zeit „nach dem 11. September" sowie die andauernden Finanz- und Wirtschaftskrisen lassen den zunehmend hybriden Verbraucher plötzlich in einem anderen Licht erscheinen.

Auf dem Weg in die nächsten zwei Jahrzehnte dominiert im Konsumieren die „Luxese"-Haltung *zwischen Luxus und Askese:* immer selektiv und kalkuliert. Merkmale hierfür sind:

- sinkendes Anspruchsdenken,

- wachsende Konsumzurückhaltung,

- neue Bescheidenheit,

- große Preissensibilität,

- Vorsorgesparen – für sich, die Kinder und die Enkel,

die man manchmal bewusst dem Anlassfall entsprechend in ihr Gegenteil verkehrt. Das ist kein Paradoxon, sondern Ausdruck der neuen Ganzheitlichkeit in den Lebensstilen der Mehrheitsbevölkerung. Der mittlerweile übersättigte *Erlebniskonsument muss abspecken*, wird ein wenig schlanker und hofft auf bessere Zeiten.

Die Zukunft wird wieder mehr der Sinnorientierung gehören – realisiert in der Formel: *Von der Flucht in die Sinne zur Suche nach dem Sinn.* Die Sinnorientierung wird zu einer wichtigen Ressource der Zukunft und zur großen Herausforderung für die Wirtschaft. Denn mit jedem neuen Konsumangebot muss zugleich die Sinnfrage „Wofür das alles?" beantwortet werden. Die Suche nach dem individuell sehr unterschiedlich definierten Lebenssinn kann und wird das Streben nach Materiellem immer öfter ersetzen. „Leg los", kann man jungen Menschen nur anraten. Trau dich, tu etwas!

Zukunftsmärkte werden daher immer auch Sinnmärkte sein – bezogen auf Gesundheit und Natur, Kultur und Bildung. Letztlich geht es um Lebensqualität. Wertebotschaften statt Werbebotschaften heißt dann die Forderung der Verbraucher, die sich auch als eine Generation von Sinnsuchern verstehen. Von *Konsumverzicht will sie wenig wissen*, dafür umso mehr von der *Werthaltigkeit des Konsums*.

Die Verbraucher entscheiden wieder mehr nach ethischen Kriterien: Immer mehr Menschen wollen möglichst „im Einklang mit der Natur" leben, „ökologisch korrekt" konsumieren und schöne Dinge kaufen, aber ein „gutes Gewissen" dabei haben. Und die Produzenten wissen zunehmend den „materiellen Wert des guten Gewissens"[51] zu schätzen. Maximen wie *Fairness, Solidarität und Nachhaltigkeit* werden zu moralischen Kriterien und leiten eine „Moralisierung der Märkte"[52] ein. Ein Spagat zwischen Ich-Verwöhnung und Welt-Verbesserung wird angestrebt.

Im Jahr 2038 wird der private Konsum aufgehört haben, als Gott in Einkaufstüten zu erscheinen. Schuldenmachen ohne Schuldgefühle ist dann kaum mehr möglich. Und nicht wenige werden sich an einem neuen Leitbild orientieren: Sinnsuche statt Shoppismus.

Die Konsumenten der Zukunft als *neue Sinn- und Wertsucher* werden sich vehement gegen die Instantphilosophie ("Just do it") mancher Marketingstrategen zu wehren und sich als Konsumkritiker mit den Globalisierungskritikern zu verbünden wissen. Sie alle haben ein gemeinsames Thema – vom Kampf gegen die Kinderarbeit in der Produktion bis zum Protest der Textilarbeiterinnen in Bangladesch gegen die Ausbeutung. Ihre entscheidende Waffe wird nicht der Boykott, sondern das Internet sein. Sie können so rund um die Welt durch Websites operieren und eine *internationale Basisbewegung* mobilisieren – ganz im Sinne der Globalisierungsgegnerin Naomi Klein aus Kanada, die es für möglich hält, dass sich in Zukunft zu den kritischen Konsumenten auch die kritischen Aktionäre gesellen und Gewerkschafter bei McDonald's noch aktiver werden.[53]

Der amerikanische Ökonom Jeremy Rifkin prognostiziert für die Zukunft ein neues System des Gemeinguts auf dem Weg in eine Art Kostenlos-Gesellschaft: weg vom reinen Diktat des Eigentums und hin zum ökonomischen Paradigmenwechsel, der *Teilen über Besitzen* stellt. Das käme einer Revolution des Kapitalismus gleich, der sich zur *Sharing Economy* wandelt, in der „die Grenze zwischen profitorientierten und gemeinnützigen Unternehmen immer fließender wird".[54] Eine gewagte These und Prognose mit sozialromantischen Zügen. Es ist besonders für die jüngeren Generationen wichtig, sich mit ihr ernsthaft auseinanderzusetzen. Erst dann wird man beurteilen können, ob sie wirklich Zukunft hat.

Im Zuge der digitalen Revolution *brauchen wir für die Zukunft auch ein Informationsmanagement,* das uns hilft, die wesentlichen Informationen aus dem maßlosen Überangebot herauszufiltern, damit wir nicht in der Flut der Daten untergehen. Sicher: Wir können uns dabei technologischer Hilfen wie z.B. *Suchmaschinen* bedienen. Das Informationsmanagement aber müssen wir schon selber leisten wie z.B.:

● Wissen, wo und wie Wissen zu haben ist,

● Mut zur Auswahl haben und

● Prioritäten setzen, also Hierarchien der Wichtigkeit bilden können.

Notwendig wird eine neue Medienkompetenz oder gar „Lebenskunst im Cyberspace"[55], die für eine *Vereinfachung der Vielfalt* sorgt. Dies kann im Extremfall Verweigerung bedeuten, aber auch Gelassenheit statt bloßer Unterwerfung und insbesondere: *Begrenzung statt Entgrenzung.* Dazu bedarf es einer eigenen Informationskompetenz, die erst entwickelt, ja erarbeitet werden muss. Wer diese Kompetenz nicht erwirbt und besitzt, läuft Gefahr, von der Technologie und den Technologen beherrscht zu werden.

Vor Jahrzehnten schon hat der kanadische Medienforscher Marshall McLuhan die Formel von der Welt als globalem Dorf geprägt: In der von McLuhan beschriebenen „neuen Welt des globalen Dorfes" würden die Menschen plötzlich zu *nomadischen Informationssammlern* – so nomadisch und so informiert wie noch nie. Mit der Globalisierung lösten sich zunehmend alte Gegensätze von Raum und Zeit auf. Im Computerzeitalter müssten die Menschen neu leben lernen, weil sich die Maßstäbe und das Tempo des Lebens grundlegend veränderten.[56] Längst ist es soweit. Computer und Medien, Telekommunikation und Unterhaltungselektronik sind zusammengewachsen.

Prognosen über kindliche Entwicklungsstörungen durch zu frühe und zu intensive Nutzung digitaler Medien wurden 2017 empirisch nachgewiesen: Das Kölner Institut für Medizinökonomie und Medizinische Versorgungsforschung hat mittlerweile die Daten von rund 5 600 Kindern und Jugendlichen ausgewertet. Dazu wurden 80 Kinderärzte in 15 deutschen Bundesländern sowie Eltern und Kinder befragt.

Die Wissenschaftler konnten einen signifikanten Zusammenhang zwischen der kindlichen Nutzung von Bildschirmmedien und

- Hyperaktivität,

- Konzentrationsstörungen und

- Problemen bei der Sprachentwicklung

feststellen. Bei Säuglingen, die der Nutzung digitaler Medien ausgesetzt sind, kamen noch Einschlafstörungen hinzu. Damit wurden erstmals gesundheitliche Risiken der Kindheitsentwicklung empirisch bestätigt. Das Smartphone als Babysitter? In der Erforschung des negativen Einflusses auf die Hirnentwicklung stehen wir offensichtlich erst am Anfang.

Kinder und Jugendliche wachsen in einem Zeitalter der Telekommunikation auf, das *Züge einer neuen Netzkultur* trägt: Zwischen elektronischen Spielen und Briefkästen, virtuellen Welten und Gemeinschaften, Datenautobahnen und Computernetzwerken bewegen sie sich und werden selbst wieder zu Nomaden. Sie können sich von einem Punkt der Erde aus zu einem anderen bewegen – und gleichzeitig sesshaft sein und zu Hause bleiben.

Das Surfen um die Welt kann am Ende heimatlos machen: Internet-Surfer werden in Zukunft wie Nomaden überall in der Welt, aber nirgendwo zu Hause sein. Verliert diese „Generation@" den festen Boden unter den Füßen? Oder sehnt sie sich schon bald nach Halt und Heimat: „Gib mir Wurzeln, denn ich habe keine"? Praktiziert sie ein *neues Nomadentum*? Früher gingen die Nomaden – je nach Jahreszeit und Niederschlag – auf Nahrungssuche. Die neuen Nomaden hingegen dringen in einen Raum des Wissens und der Fähigkeiten ein – in den lebendigen Raum einer Menschheit, die sich „neu erfindet und sich ihre Welt erschafft", wie der französische Medienforscher Pierre Levy prognostiziert.[57]

Und die Verantwortlichen in Politik, Wirtschaft und Gesellschaft leben diese Flexibilität auch noch täglich vor: „Ich will nicht sagen, dass wir Manager *Vagabunden* sind, *die überall ihr Zelt aufschlagen können*. Aber wir sind so flexibel, haben auch ein entsprechendes Einkommen, dass wir von einem Tag auf den anderen umziehen können."[58] Rast-, ruhe- und ortlos. Und die internationalen Stars in Sport und Kunst tun es ihnen gleich.

Alles vagabundiert – die Menschen, die Wirtschaft, die Unternehmen und das Geld. Kommen amerikanische Verhältnisse auf uns zu? Die Verweildauer an einem Wohnort liegt in den USA nur mehr bei fünf Jahren. Der amerikanische Traum, zu gehen, wann und wohin man will, kann zum Alptraum werden: Der Verlust an Ortssinn droht, ein Verlust an Wurzeln, die den Menschen helfen, sich selbst zu definieren. Moderne Nomaden verkünden gerne: „Wir blühen, wo wir gepflanzt sind." Nur: Kann man überhaupt noch wachsen, wenn man ständig umgepflanzt wird?

Das Leitbild des High-Tech-Zeitalters ist der flexible Mensch, ein beschleunigter elektronischer Nomade, der – getrieben von der Angst, etwas zu verpassen – immer auf der Suche nach Halt, Sinn und Orientierung ist. Diesem nicht zur Ruhe kommenden Nomaden kann die „verinnerlichte Moral abhanden kommen".[59] Die Moralproduktion übernehmen dann der Markt und die Medien, während der Nomade durch die bereitgestellten Informations- und Unterhaltungswelten zappt. Auch die Erziehung geht zunehmend in die Regie von Markt und Medien über. Gegen diese Entmündigung des eigenen Werteempfindens müssen wir uns zur Wehr setzen. Oder sorgen in Zukunft „Cybersitter" und „Net-Nannies" für das Wohl unserer Kinder?

Der High-Tech-Typ des 21. Jahrhunderts hält sich für *unbegrenzt beschleunigungsfähig*: Orte und Optionen lassen sich ebenso schnell auswechseln wie Partner und Freunde. Diese flexible Generation erhebt Flexibilität zum höchsten Lebensprinzip und macht sie zum Gradmesser für Fitness, Gesundheit und Erfolg im Berufs- und Privatleben. Flexibilität gilt geradezu als neue Tugend der Wandlungsfähigkeit. In den USA gibt es Flexibilitätspraktika, in denen Mitarbeiter in der Wildnis zelten oder Bungeesprünge absolvieren lernen – eine Art Therapie gegen das „übersättigte Selbst".[60] Die Generation Y setzt dagegen *das flexible Selbst*, das nach Belieben zwischen verschiedenen Lebenswelten hin- und herpendeln kann.

Es gilt jedoch darauf zu achten, dass Flexibilität, Mobilität und Technologien nicht mehr Zeit kosten, als sie uns bringen. Die Gefahr besteht, dass wir immer mehr Aktivität in gar nicht mehr zur Verfügung stehende Zeiteinheiten „hineinstopfen". Was ist wichtig? Was ist richtig? Die Kompetenz zur Beantwortung dieser beiden Fragen wird über Lebensqualität und damit Lebenszufriedenheit entscheiden. Elternhaus und Schule müssen sie in ihre „Erziehungsarbeit" aufnehmen. Alle Generationen müssen für diesen Zusammenhang offen sein oder werden.

Oder driften und zappen die Menschen in Zukunft durch ihr Leben wie heute schon durch die Fernsehkanäle? Eine Art innere Fernbedienung drückt dann Langweiler und lästige Gesprächspartner weg wie langatmige Dokumentationen oder nervige Werbesendungen im Fernsehen. Hat die Flexibilität als oberstes Prinzip eine Gesellschaft von Driftern zur Folge, in der

Loyalität, Treue, Verpflichtung und Verbindlichkeit ihren moralischen Wert verlieren?

Seit der Verbreitung der elektronischen Medien in den privaten Haushalten haben nachweislich direkte persönliche Gespräche zwischen Ehepartnern zu Hause beträchtlich an Intensität verloren: Kaum war das erste Fernsehgerät in der Wohnung aufgestellt, sprachen die Ehepaare weniger miteinander. Die intensive TV-Nutzung drohte die Kommunikation in der Partnerschaft zu verdrängen. Das Allensbacher Institut spitzte zur Jahrtausendwende die Auswirkungen des Fernsehens auf die Frage zu: *Ist der Gesprächsfaden gerissen?*[61]

Was war passiert? In den Fünfzigerjahren konnten noch 42 Prozent der Frauen davon berichten, dass ihr Mann fast alles, was er während der Arbeit erlebt, mit ihnen bespricht. Im Jahr 2000, nachdem das Fernsehen als Massenmedium Alltag geworden war, sagten das nur noch 16 Prozent.

Das Leben in der Mediengesellschaft bringt folgenreiche Veränderungen mit sich. In Zukunft kann es passieren, dass wir *mehr mit Medien als mit Menschen kommunizieren:*

- Sprechen wir dann mit der Uhr, der Brille oder dem Türknauf wie heute auf einem Anrufbeantworter?
- Wird es bald digitale Butler, Nachbarn, Freunde oder Ärzte geben?
- Werden wir uns dann einbilden, mit Menschen geredet zu haben, obwohl es vielleicht nur ein Computer war?
- Wollen wir das wirklich?

Oder sollte man einfach öfter bewusst "offline" sein, wie es der neue Coolness-Trend der nächsten Generation langsam vorzugeben scheint. Seit jeher ist die junge Generation neu-gierig: Sie ist schnell für Neues zu begeistern – ist aber auch schnell wieder weg, wenn etwas alltäglich und langweilig wird oder einfach nur nervt. Die Fernsehsender haben in den letzten Jahren den Aus-Knopf der Jugend durch massiv sinkende Einschaltquoten zu spüren bekommen. Einfach *abschalten und öfter offline sein*: das deutet sich als neue Lebenseinstellung einer langsam wachsenden Gruppe junger Menschen an, wenn Mails, Messages und SMS zu nerven und zu stressen drohen.

Die Medienvielfalt im privaten Bereich sorgt für chronische Zeit-not. Wirklich wichtige Gespräche stoßen nicht auf taube Ohren, aber der lange Atem, die Geduld und die Konzentration für längeres Zuhören gehen zunehmend verloren. Im elektronischen Zeitalter der schnellen Schnitte müssen auch die privaten Gespräche schnell auf den Punkt kommen – sonst hört keiner mehr zu.

Zu bedenken ist, dass ein plötzlich als dringend interpretierter Telefonanruf nicht selten ein wichtiges (!) persönliches Gespräch unterbricht. Dabei ist es egal, ob der Gesprächspartner Kunde, Freund oder Familienmitglied ist. Das Starren auf das Display des immer bereitliegenden Smartphones trübt den Blick für das Wesentliche: Lerne Wichtiges von Dringendem zu unterscheiden und es in dieser Reihenfolge zu erledigen!

Das Nicht-zuhören-Können, heute schon im Kindesalter nachweisbar, kann in Zukunft zu einer großen Herausforderung für die zwischenmenschliche Kommunikation werden. Motivationsfähigkeiten sowie die Kompetenz zu Methodenwechsel und variantenreichen Unterrichtsformen müssen zum pädagogischen Repertoire jedes Lehrers bzw. zum Grundbestandteil jeder Lehreraus- und -fortbildung gehören.

Zuhören sollten wir, um zu verstehen – nicht, um zu antworten. Ein Grundsatz, den die wenigsten von uns beherrschen, obwohl wir ihn wohl alle gutheißen. Während der Gesprächspartner seine Gedanken formuliert, entstehen in uns manchmal zwei durchaus übliche Reaktionsmuster: entweder gar nicht zuhören (Schule, Partnerschaft) oder schon bei den ersten Worten die Antwort im Kopf formulieren. „Beides erhöht unseren Wissenstand nicht. Und damit auch nicht unser Wissen über mögliche zukünftige Alternativen."[62]

Wir können darauf hoffen, dass nach einer Ära totaler Reizüberflutung das *Verlangen nach einer neuen Einfachheit* steigt – nur darauf verlassen dürfen wir uns nicht. Genausogut möglich ist es, dass sich Teile der neuen Generation weder gegen die Angebotsinflation zur Wehr setzen noch bewusst in eine außermediale Idylle zurückziehen. Auf die digitale Generation kann in Zukunft das zutreffen, was der Philosoph Blaise Pascal vor über dreihundert Jahren zum Ausdruck brachte: „Kein Übermaß ist sinnlich wahrnehmbar. Zu viel Lärm macht taub; zu viel Licht blendet; was zu weit ist und zu nah ist, hindert das Sehen … Das Übermäßige ist uns feindlich und sinnlich unerkennbar. Wir empfinden es nicht mehr, wir erleiden es …".[63] Dies gilt es zu verhindern.

Sicher: Die Kinder werden in Zukunft lieber mit dem Home-Computer als mit dem Holz-Baukasten spielen. Nur: Die multimediale Entwicklung wird bis dahin unser menschliches Kommunikationsbedürfnis nicht verkümmern lassen. Und je mehr sich Homebanking und Onlineshopping ausbreiten, desto größer wird unser Bedürfnis nach persönlichen Kontakten, nach Sehen-und-gesehen-Werden z.B. beim Ausgehen und Einkaufsbummel sein. Denn: Die Sinne konsumieren weiter mit.

Lassen wir also die Kirche doch im Dorf: Auch im Jahr 2038 werden viele Beschäftigte keine Telearbeiter sein, sondern wie bisher eher müde von der Arbeit nach Hause kommen, sich vor den Fernseher setzen und mit niemand und nichts anderem als ihrem Partner oder ihrem Kühlschrank interagieren – der allerdings über das Smartphone immer nachgefüllt sein wird.

Weltweit tauschen sich in den letzten Jahren über zwei Milliarden Menschen über *Social Media* im Internet aus – via *Facebook* (mit persönlichen Nachrichten für die Freunde), *Twitter* (mit Informationen von allgemeinem Interesse) und *LinkedIn* (mit Mitteilungen über wichtige Geschäftsverbindungen). „Hast du Facebook?" – eine Frage, die bei den Freiheitsbewegungen in Ägypten, Tunesien und Libyen eine zentrale Rolle spielte. Facebook bot den interessierten Bürgern eine Plattform, sich zu informieren und zu organisieren. Diese Freiheit der Information muss unter allen Umständen auch im Jahr 2038 erhalten bleiben und der Datenschutz muss weltweit geregelt sein.

Das Internet hat das Kommunikations- und Konsumverhalten der Menschen verändert. Es beginnt bereits auch Politik und Gesellschaft zu verändern und zum Mittel politischer Einflussnahme und Bewegungen zu werden: Von der digitalen Revolution („Web 2.0") zur realen Revolution („Industrie 4.0") ist es dann wahrscheinlich nicht mehr weit.

Die nächste Generation versteht sich als eine neue Nutzergeneration von "Viewsern" – Viewern und Usern zugleich. Sie lebt ganz selbstverständlich mit PC, Smartphone und Internet. Aus dem eingespielten Medienkonsum wird ein ausgeprägter Lebensstil: Handy in der Hosentasche und Internetzugang in der Brille. Diese Freiheit im Netz kann aber Unsicherheit im Leben nicht vergessen machen. Vielleicht sogar im Gegenteil. Die Viewser müssen aufpassen, ihre persönliche Freiheit und Selbstbestimmung im Leben nicht zu verlieren.

Schon immer hat es Widerstände und Ängste gegen technologische Neuerungen gegeben: Beim Übergang von der Pferdekutsche zur Dampfeisenbahn ebenso wie heute bei der Entwicklung des Internets der Dinge. Der einzige Unterschied: Der technologische Wandel geht immer schneller vor sich. Es bleibt kaum Zeit zur Eingewöhnung, weil beim Kauf eines neuen Produkts das nächste Modell schon vor der Tür steht ...

Google arbeitet erfolgreich nach dem *Zahnbürsten-Erfolgsprinzip (ZEP)*. Technologische Innovationen werden nur dann in Gang gesetzt und weiterentwickelt, wenn sie – zumindest scheinbar – zwei Bedingungen erfüllen: Sie müssen

- *mindestens zweimal am Tag* von den Konsumenten gebraucht werden und

- das Leben und den Alltag der Menschen spürbar erleichtern, bequemer gestalten und *verbessern helfen.*

Wir haben allerdings selbst zu entscheiden, was unser Leben tatsächlich erleichtert, den Alltag bequemer macht und uns letztlich wirklich hilft. Diese Entscheidungsfreiheit müssen wir uns bewahren.

DER GENERATIONENRATGEBER

9. Lebensbereich: Konsum/Medien

Empfehlungen für die Generation Zukunft

Die Generation Zukunft ist in Wohlstandszeiten aufgewachsen und verbindet Konsum mehr mit Lifestyle, Leben und Erleben als mit Rechnen, Sparen, Einschränkung und Verzicht. Im Vergleich zur Jugendgeneration der Achtziger- und Neunzigerjahre, in denen „In und im Trend sein", Geldausgeben und Verschwendung den Ton angaben, ist für die Generation Zukunft eher eine neue Bescheidenheit angesagt. Zeit-budget und Geldbudget sind knapper geworden. Fairtrade und Sharing Economy setzen Zeichen für bewusstes, kritisches und maßvolles Konsumieren. Nicht alles, was lieb und teuer ist, muss käuflich erworben werden. Leihen statt Besitzen kann ein neuer Statusgewinn sein. Der richtige Umgang mit den neuen Medien muss selbst erarbeitet werden. Informationskompetenz kann man von „den Alten" kaum lernen.

Empfehlungen für die Generation Lebensplaner

Diese Generation beweist große Preissensibilität beim Konsumieren, genießt aber auch das Leben. Es ist ein Balance-Akt: schöner leben und wohnen wollen, aber auch Reserven für die Risiken des Lebens bereithalten. Wann, wenn nicht jetzt, hat man Zeit, Geld und Lust für den Erlebniskonsum – aber immer selektiv und kalkuliert. Die Unsicherheit des Arbeitsplatzes und die Verantwortung für die Familie bremsen die eigene Konsumlust. Ausgehen, das Highlight der Woche oder des Monats, muss man sich auch leisten können. Der vermeintliche Widerspruch löst sich in einer neuen Lebenskunst auf: „Luxese" – mal Luxus und mal Askese, ein schwieriger Spagat zwischen Sparen und Verschwenden. Der kritische Umgang mit allen Medien, insbesondere aber mit den Online- und sozialen Medien, wird zur hohen Kunst der eigenen Meinungsbildung.

Empfehlungen für die Generation Best Ager

Die Best Ager, in den Sechziger- und Siebzigerjahren geboren, sind die erste Generation, die im TV-Zeitalter aufgewachsen ist und den Fernsehalltag noch als Lagerfeuer für die ganze Familie erlebt hat („EWG", „ZDF-Hitparade", „Wünsch dir was" u.a.). Konsumhaltung und Konsumlust waren Normalität für sie. Jetzt, da die Kinder aus dem Haus gehen, stellt sich für sie die Frage: „Was kann ich sonst noch mit mir machen?" Sie suchen emotionale Konsumerlebnisse, in denen der Lebensgenuss eine tragende Säule ist. Sie haben Zeit und Geld genug für Lifestyle und Erlebniskonsum. Medien und Konsum sind für sie Hilfsmittel auf dem Weg zu einem schöneren Leben mit mehr individueller Lebensart. Ihnen kann man nur empfehlen: Genießt das Leben in dieser Best-Age-Phase, geht euren persönlichen Interessen nach und macht mehr aus eurem Leben. Als Best Ager dürft ihr ruhig das Gefühl haben, den Erlebniskonsum auch verdient zu haben. Alles ist erlaubt, solange es leistbar und selbstbestimmt ist!

Empfehlungen für die Generation Lebenserfahrene

Es gibt keine andere Bevölkerungsgruppe, die über so viel Zeit und Geld verfügt wie die 60plus-Generation. Autokauf und Urlaubsreise, Theaterbesuche und Immobilienerwerb als Geldanlage prägen ihren Lebensstil. Nicht Geldnot und Zeitmangel schränken ihr Konsumverhalten ein, sondern die mit dem Alter verbundenen körperlichen Beschwerden und Gesundheitsrisiken. Hinzu kommt der Vorsorgegedanke, um im Alter den Lebensstandard beibehalten zu können. Sie fühlen sich schon als Best Ager, die sich fast alles leisten könnten. Doch der Gedanke, sich im Alter einschränken zu müssen, mahnt sie zur Konsumzurückhaltung. Gedankenloser Konsumgenuss produziert schnell ein schlechtes Gewissen. Den traditionellen Medien verbunden, dürfen die Lebenserfahrenen den Anschluss an die Digitalisierung dennoch nicht verpassen. „Was hilft mir?" und „was nützt mir?" sollen die entscheidenden Fragen für den selbstbestimmten Umgang mit den neuen Medien sein.

140

Empfehlungen für die Generation Beziehungsförderer

Natürlich steht in diesem Alter die Gesunderhaltung im Mittelpunkt des Lebens. Viel Energie, aber auch viel Geld wird in die Erhaltung der körperlichen und geistigen Fitness investiert. Gesundsein und sich gesund fühlen gelten als Lebenselixier, das man sich viel kosten lässt. Man will beschwerdefrei leben – und sorgenfrei. Das Konsumverhalten wird diesem Ziel untergeordnet. In Bezug auf die Medien weiß man, was man von Nachrichten und Informationen aller Art zu halten hat: Es könnte alles auch ganz anders sein. Der passive Unterhaltungskonsum durch die Medien darf endlich ohne schlechtes Gewissen genossen werden. Andererseits wird statt des eigenen Freizeitkonsums viel Wert auf das Vorsorgesparen für die Kinder und Enkelkinder gelegt. Diese Investitionen zahlen sich aus: Die materielle Vorsorge zieht soziale Fürsorge nach sich. Schenken und Vererben sind keineswegs selbstlos – mit einem besonderen Nebeneffekt: Wer sich um andere sorgt, lebt länger.

Lebensbereich: Zeitnotstand/Zeitwohlstand
Mit Zeitoptionen leben

Im 20. Jahrhundert hatten wir ein Drittel an Lebenszeit dazugewonnen.[64] Wie sind wir mit diesem Ressourcenzuwachs umgegangen? Als Gesellschaft haben wir daraus vor allem Geld gemacht. Mit dem Ergebnis, dass achtzig Prozent der Menschen heute meinen, „über weniger Zeit zu verfügen als je zuvor". Drei Viertel klagen darüber, *zumindest teilweise im Alltag unter Zeitnot zu leiden*".

Die zurückliegenden Jahrzehnte sind wesentlich eine *Phase der Geldkultur* gewesen, die vom Geldverdienen und -ausgeben bestimmt war. Diese Epoche der bezahlten Arbeit und Geldentlohnung wird nun durch eine *Phase der Zeitkultur* ergänzt, in der die Menschen nicht mehr nur wissen wollen, „wovon" sie leben, sondern auch Antworten darauf haben wollen, „wofür" sie leben.[65] Gerade für Führungskräfte gilt: Mehr Geld allein erscheint wertlos, wenn nicht gleichzeitig auch mehr Zeit „ausgezahlt" wird. Mitarbeiter von morgen wollen *mit Zeitoptionen leben* – mit der Flexibilisierung der Arbeitszeiten ebenso wie mit der Flexibilisierung der Öffnungszeiten von Läden, Behörden und Praxen, von Freizeit-, Kultur- und Bildungseinrichtungen. In der Zukunftsgesellschaft eines langen Lebens wird *Lebensqualität als Lebenszeitqualität* neu definiert.

Der amerikanische Psychologe Robert Levine ging erstmals in den neunziger Jahren in 31 verschiedenen Ländern auf der ganzen Welt einmal der Frage nach, wie gesellschaftliche Kulturen mit Zeit umgehen. Dabei untersuchte er das *Lebenstempo in den einzelnen Regionen*. Als Maßstab für das Lebenstempo dienten ihm drei Indikatoren: Erstens die *Genauigkeit öffentlicher Uhren*, zweitens die *Gehgeschwindigkeit* (also die Geschwindigkeit, mit der Fußgänger im Bereich der Innenstadt eine Strecke von 20 m zurücklegen) und drittens die *Arbeitsgeschwindigkeit* (wie lange z.B. Postangestellte brauchen, um jemand eine Standardbriefmarke zu verkaufen). Das Ergebnis: Acht der neun *schnellsten Länder* sind in Westeuropa zu finden. An vierter Stelle liegt lediglich Japan – unmittelbar nach Deutschland (und wahrscheinlich vor Österreich, das von Levine nicht erfasst wurde). Die letzten acht Ränge wurden ausschließlich von nichtindustrialisierten Ländern in Afrika, Asien, dem Nahen Osten und Lateinamerika belegt. Am langsamsten waren die Länder, in denen die beiden Qualitätsbegriffe *amanhâ* und *a mañana* („morgen") zu Hause sind: Brasilien, Indonesien und Mexiko.

Die Schnelligkeit, die Geschwindigkeit und das Lebenstempo durchdringen das städtische Leben bis ins Mark. Hier leben deutlich mehr Menschen nach der Uhr (und tragen auch mehr eine Uhr). 2038 wird sich das Tempo zum auffälligsten Merkmal urbanen Lebens entwickeln. Und Zeitverkaufen wird ein neuer Dienstleistungsmarkt.

"At Your Service"/„Zu Ihren Diensten" übernimmt dann fast jede Aufgabe, die Vielbeschäftigten Zeit sparen hilft: vom Schlangestehen über die Haushaltsführung bis zum Einkauf und zu Kurierdiensten. Denn: Die Zeit eines Vielbeschäftigten zu verschwenden ist „ebenso schlimm, wie ihm die Brieftasche zu rauben".[66] Steht uns eine *Ära der Zeitkriege* ("Time Wars") bevor?

Für die Zukunft gilt:

- Je urbaner ein Lebensumfeld ist, desto schneller bewegen sich die Menschen vor Ort.
- Je produktiver die Wirtschaft ist, desto höher ist das Lebenstempo.

Je mehr zeitsparende Maschinen oder Technologie es gibt, desto mehr stehen die Menschen unter Zeitdruck.

In Gesellschaften mit stark ausgeprägtem Individualismus dominieren Zeit-ist-Geld-Einstellungen. Hier ist der Zwang überdurchschnittlich groß, jeden Augenblick irgendwie zu nutzen. Individualisierte Kulturen legen mehr Wert auf Leistung als auf Zusammengehörigkeit.

Das Phänomen des Zeitnotstands breitet sich weltweit aus. Wenn dies so bleibt, dann könnte die Zeit in naher Zukunft das werden, was das Geld in den Achtziger- und Neunzigerjahren des 20. Jahrhunderts gewesen ist. Wie wird dann das zunehmende Lebenstempo die Lebensqualität der Menschen beeinflussen? Der von Zeitnot und Eile geprägte Lebensrhythmus wirkt sich insbesondere auf das soziale Wohlbefinden der Menschen aus. Nachweislich gibt es einen *Zusammenhang zwischen Zeit und Sozialverhalten*. Aus dem „Zeit ist Geld" wird in absehbarer Zeit ein „Geld ist Zeit" in Form einer Rückbesinnung und Rückgewinnung von Zeit als *„Zeit zum Leben"*.

Das rasche *Lebenstempo in den Städten* führt beispielsweise dazu, dass die Menschen mit mehr Sinneseindrücken überhäuft werden, als sie verarbeiten können. Die Folge ist eine Art „psychische Überlastung"[67], weshalb die Überlasteten bzw. Überforderten dazu neigen, alles auszublenden, was für ihre persönlichen Ziele nicht von Bedeutung ist. Konkret: Sie nehmen sich weniger Zeit und haben auch nicht die Geduld dazu, sich um Menschen zu kümmern, die in ihrem Leben nur eine marginale Rolle spielen.

So sollen z.B. New Yorker überwiegend nur dann zu Hilfeleistungen bereit sein, wenn von vornherein geklärt ist, dass daraus keine weitere Verpflichtung entsteht: „Ich erfülle meine soziale Pflicht – aber damit wir uns nicht falsch verstehen: Weiter geht es auf keinen Fall."[68] Es gilt zu bedenken: Wenn ich keine Zeit mehr für die Menschen habe, war und ist dann nicht alle Eile umsonst?

Stößt die Pendlergesellschaft bald an ihre zeitlichen Grenzen? Bei verlängerten Arbeitszeiten gewinnt die Wohnlage im Stadt- und Innenstadtbereich wieder an Bedeutung. Die zentrale Lage „erspart" den Beschäftigten zeit- und geldaufwendige Fahrten zur Arbeitsstätte. Viele Beschäftigte werden eine *persönliche Kosten-Nutzen-Rechnung* vornehmen und sich die Frage stellen, ob sich die Überwindung der Entfernung zwischen Wohnort und Arbeitsstätte überhaupt noch „rechnet" – von den sozialen Folgekosten ganz zu schweigen (z.B. weniger Zeit für Nachbarschaftskontakte und für die kontinuierliche Pflege von Freundeskreis und sozialen Netzwerken). Der *Verlust an Zeitwohlstand* schmälert den Lebenswert von Familie, Freundeskreis und Nachbarschaft und kann durch die Steigerung des Lebensstandards nicht ausgeglichen werden.

Für die Zukunft deutet sich in der Einstellung zu Arbeit und Leben eine Akzentverschiebung an – eine Art Güterabwägung zwischen Geld und Zeit. Das gilt vor allem im Hinblick auf die immer mehr an die Kunden „ausgelagerten" Dienstleistungen. Online buchen, kaufen, suchen etc. kostet meist mehr Zeit, als uns bewusst ist und als es uns an Bequemlichkeit bringt. Es ist ratsam, dass wir als Kunden rechtzeitig beginnen, uns dagegen zu wehren, statt begeistert „alles selber zu machen".

Manche wollen lieber einen höheren Mietpreis zahlen als immer nur zwischen Arbeitsstätte und Wohnort zu pendeln. Das ist mit einem *Mehr an Zeit und persönlicher Lebensqualität* verbunden, hat aber eben auch seinen Preis. Einen solchen Zeit- und Lebensqualitätsluxus werden sich nicht alle leisten können. In dieser Beziehung werden in Zukunft Wunsch und Wirklichkeit weit auseinanderklaffen.

In der *Entwicklung einer neuen Zeitkultur*, die Rücksicht nimmt auf individuelle Eigenzeiten und natürliche Lebensrhythmen, stehen wir erst am Anfang. Keine Gesellschaft kommt ohne Rituale, religiöse Feiertage und gesetzlich geregelte Ruhepausen aus. Für die Zukunft gilt: *Auch die Non-Stop- und Immer-Shop-Gesellschaft braucht Zeitinseln zwischen Ruhe und Ritualen*, zwischen "teatime" und „mañana".

In Deutschland gibt es beispielsweise mehr Handys (110 Mio.) als Menschen (82 Mio.). In Österreich ist das Verhältnis ähnlich:

Auf jeden Einwohner kommen 1,5 SIM Karten.[69] Die fortschreitende Digitalisierung des Alltags hilft den Menschen, Zeit zu sparen, aber auch Zeit zu vernichten: bestenfalls ein Nullsummenspiel, bei dem sich Gewinne und Verluste die Waage halten, wir aber immer mehr je Zeiteinheit erledigen. Unbestritten ist, dass das Handy mehr Kontakte unter Freunden ermöglicht, aber dazu führt, sich persönlich seltener zu treffen. Schon aus Zeitgründen bleiben viele Kontakte oberflächlich.

Die Menschen bekommen in Zukunft ein anderes Verhältnis zur Zeit. *Das Zeitbudget wird genauso kostbar wie das Geldbudget.* Zeit ist Leben und nicht mehr nur Geld. Jedoch auch Konsum konsumiert Zeit. Wer in Zukunft höhere Konsumansprüche stellt, leidet schnell unter dem Gefühl von Zeitknappheit. Was haben Erlebniskonsumenten schon von einem Einkaufsbummel, wenn sie ihn nicht in Ruhe genießen können? Im gleichen Maße, wie die Produktivität der Arbeitszeit steigt, versuchen sie auch die Konsumzeit zu steigern und immer mehr in gleicher Zeit zu erleben. Konsumwünsche und Lebensziele werden miteinander kombiniert – der Einkaufsbummel mit dem Treffen von Freunden, das Essengehen mit dem Knüpfen geschäftlicher Verbindungen oder die Urlaubsreise mit dem Erlernen neuer Sportarten. Auf diese Weise nimmt die Konsum-Produktivität zu, aber die freie Verfügbarkeit von Zeit ab.

Alles muss schneller gehen: Essen, Fernsehen, Internet-Surfen, Bücherlesen. *Bigger, Better, Faster, More*: Eine multioptionale Konsumgesellschaft verspricht grenzenlose Steigerungen. Wer früher ins Bett geht, kann nicht einschlafen – vor lauter Angst, etwas zu verpassen.[70] Immer mehr Geräte laufen rund um die Uhr, das Radio, das Fernsehen, das Internet … eine solche Konsumkultur, die nur auf Steigerung, Vermehrung und Intensivierung setzt, gleicht einer *„Mobilmachungskultur"* (Peter Sloterdijk), die nicht unendlich steigerbar ist und Grenzen hat – psychische Grenzen (Ermüdung), materielle Grenzen (Müll) und ökologische Grenzen (Klima- und Wassernotstände).

Mehr tun in gleicher Zeit: Mit dieser Formel lässt sich ein Wandel in den letzten Jahrzehnten beschreiben, der allen Aktivitäten den Stempel der Hektik aufdrückt. Immer mehr Beschäftigungen werden im Fast-food-Stil bzw. zeitgleich erledigt. Die Schnelllebigkeit nimmt überall zu. Für zeitaufwendige Beschäftigungen bleibt immer weniger Zeit (oder richtiger: nehmen wir uns weniger Zeit). Ob Beschäftigung allein, mit dem Partner oder mit den Kindern – *alles, was über zwei Stunden dauert, stagniert oder geht zurück.*

Wir sind offensichtlich für viele Tätigkeiten aufgeschlossen – solange sie nicht über zwei Stunden dauern. Das bekommt auch der Partner zu spüren: Die gemütlichen Abende zu Hause mit dem Partner werden in Zukunft seltener. Wir leben mehr im Zwei-Stunden-Takt: Spätestens alle zwei Stunden wollen wir dann etwas Neues erleben. Ohne uns lange niederzulassen, springen wir von einem Ereignis zum anderen.

Sieht so unsere Zukunft aus? Während der Woche Chatten, Surfen und TV-Hopping, am Freitagnachmittag Frustrationseinkäufe – DVD, CD oder ein Buch, und dann keine Zeit mehr, sie zu sehen, zu hören und zu lesen. Am Wochenende zwei Einladungen und Besuche und im nächsten Urlaub weit reisen und nur kurz bleiben? Viele Verbraucher müssen sich ihren Erlebniskonsum auf Kosten von Muße regelrecht „erkaufen": Sie können es sich zeitlich nicht mehr leisten, ihr Leben in Ruhe zu genießen. Sind Konsumwohlstand und Zeitwohlstand zugleich nicht zu haben?

- Wer viel konsumiert, leidet schnell unter Zeitnot.

- Wer viel Zeit hat, hat meist auch kein Geld.

Als Perspektive zeichnet sich für die nächsten zwanzig Jahre ab: Die chronische Zeitnot der Konsumenten kann zu einem grundlegenden Wettbewerbswandel führen: Zeitkriege ("time wars"), in denen auch um die Zeit (und nicht nur um das Geld) der Verbraucher gekämpft wird, werden Wirtschaft und Handel prägen.

Noch nie zuvor waren wir einem solchen Angebotsstress ausgesetzt wie heute. Das wird sich auch in Zukunft nicht ändern. Ständig müssen wir uns entscheiden, ob wir etwas machen oder haben, selektiv nutzen oder ganz darauf verzichten wollen.

- Was ist eigentlich für mich wichtig und was nicht?

- Woher nehme ich den Mut, auch nein zu sagen?

- Und wie schaffe ich es, mich zu bescheiden, auch auf die Gefahr hin, etwas zu verpassen?

Früher galt der Grundsatz *„Eine Sache zu einer Zeit"*. Daraus ist die Gewohnheit *„Mehr tun in gleicher Zeit"* geworden.

Jedem von uns muss also die Rückgewinnung von Zeit als „Zeit zum Leben" ein zunehmendes Anliegen sein. Wir haben 225 000 Lebensstunden in nur drei Generationen dazugewonnen und dennoch beklagen sich knapp 80 Prozent der Menschen darüber, zumindest manchmal unter Zeitknappheit zu leiden.[71] Dabei geht es den meisten weniger darum, wie viel Zeit sie jeweils in Arbeit oder Freizeit verbringen, sondern darum, wie selbstbestimmt sie das tun können, wie groß die Möglichkeit ist, den Tagesablauf selbst zu gestalten. Zeitsouveränität wird zum Zeichen von Lebensqualität. Für viele sogar mehr als das verfügbare Geld.

Wir umgeben uns mit einem dichten Dschungel von Konsumgütern, mit Zweitauto und Drittfernseher, PC und Smartphone,

Sport- und Gartengeräten, und vergessen dabei oft, dass es Zeit erfordert, davon Gebrauch zu machen. Wir dürfen uns nicht immer mehr zu ruhelosen Konsumenten entwickeln, die für sich selbst, zur Entspannung, zur Selbstbesinnung oder auch zum nachdenklichen Lesen kaum noch Zeit finden.

Nur noch neidisch können wir auf frühere Kulturen zurückblicken, die im Zeitwohlstand lebten und sich eine „*Mañana*"-*Mentalität* leisten konnten: Morgen ist auch noch ein Tag. Manchmal bewundern wir im Urlaub die Lebensweise im mediterranen Raum, die dieser Mentalität zumindest nahekommt.

Wir aber haben ständig das Gefühl, morgen könnte es bereits zu spät sein: Konsumiere im Augenblick und genieße das Leben jetzt. Wir nutzen die Zeit mehr, als dass wir sie wirklich verbringen. Das Gefühl für den Wert der Zeit nimmt zu. Mehr Geld allein erscheint doch wertlos, wenn nicht gleichzeitig auch mehr Zeit „ausgezahlt" wird. Das bekommen viele Menschen heute schon zu spüren. Zeit ist für sie zum knappsten und wertvollsten Gut geworden. Ein simpler Lösungsansatz bietet sich an: Vielleicht genügt es, sich daran zu gewöhnen, Wichtigem vor Dringendem immer den Vorrang zu geben?[72]

Gehen wir einer Zukunft entgegen, in der mehr Konsumgüter vorhanden sind als Zeit zum Genießen des Konsums? Das Überangebot macht die *Freiheit der Wahl* zur *Qual der Wahl*. Wenn wir beispielsweise täglich zwischen Dutzenden von TV-Programmen und Streaming-Anbietern, zig Facebook-Nachrichten, Hunderten von Zeitschriften und Zeitungen an den Kiosken und Tausenden von Konsumartikeln in den Supermärkten wählen „müssen", dann kosten diese gigantischen Wahlmöglichkeiten ganz einfach Zeit und Nerven – und nicht nur Geld.

Der technologische Fortschritt hat dafür gesorgt, Zeit zu sparen. Das Kunststück, Zeit „automatisch" auch gut einzuteilen und zu nutzen, ist ihm aber nicht gelungen. Das müssen wir schon selbst tun. Hier zeigen sich die individuellen Grenzen der Konsumzeit: Was nutzt einem Tennisspieler jedes Jahr ein neuer Schläger, wenn er keine Zeit zum Spielen hat? Wir haben Mühsal und Hunger überwunden – aber große Mühe mit dem eigenen *Zeithunger*. Der Verbraucher von morgen mag manchen Wohlstandszeiten entgegensehen, er wird dennoch ruhelos bleiben und unter Zeitdruck leben.

Der Konsument gleicht einem Perpetuum mobile: Ökonomisch schwingt er sich in Spiralen nach oben, psychologisch gesehen aber dreht er sich auf der Stelle. Ein alter Menschheitstraum bleibt – wenn wir uns nicht ändern – auch in Zukunft unerfüllt: mehr Zeit zum Leben.

DER GENERATIONENRATGEBER

10. Lebensbereich: Zeitnotstand/Zeitwohlstand

Empfehlungen für die Generation Zukunft

Auch in der nächsten Generation findet die „Freizeitgesellschaft" nicht statt. Eher wächst die Zeitnot, weil die Leistungsanforderungen im Arbeitsleben zunehmen und damit zugleich die psychosozialen Belastungen. Zudem wächst die nächste Generation in einer multioptionalen Konsumgesellschaft auf, die den jungen Konsumenten das Gefühl vermittelt, sie kämen eigentlich immer zu spät – ganz im Sinne der TV-Werbung: „Bleiben Sie dran, abschalten können Sie woanders." Die Generation Zukunft muss lernen, dass Konsumwohlstand und Zeitwohlstand nicht gleichzeitig zu haben sind. Denn: Wer viel konsumiert, leidet schnell unter Zeitnot. Und: Wer viel Zeit hat, hat meist auch wenig Geld. Der nächsten Generation kann man nur zurufen: Nutze jede Gelegenheit, um zur Ruhe zu kommen.

Empfehlungen für die Generation Lebensplaner

Natürlich gilt diese Generation als familiär, fleißig und hilfsbereit. Die Schattenseite dieser rund um die Uhr beschäftigten Generation aber ist, dass sie ständig hohen physischen, psychischen und zeitlichen Belastungen ausgesetzt ist, unter Zeitnotstand leidet und sich gestresst und erschöpft fühlt. Sie muss den Ausstieg aus der privaten und beruflichen Stress-Rallye wagen, weil sonst die Lebenszeit zu einer einzigen Pflichtzeit wird – vor lauter Angst, nicht rechtzeitig fertig zu werden oder selbstgesetzte Termine nicht zu schaffen. Im gleichen Maße, wie die Produktivität der Arbeitszeit im Berufsleben steigt, versucht sie auch, die Konsumzeit zu steigern. Auf diese Weise nimmt die Konsum-Produktivität zu, aber die freie Verfügbarkeit von Zeit ab. Diese Generation muss darauf achten, ökonomisch mit der eigenen Zeit umzugehen, sich selber Grenzen zu setzen – und auch mal nichts zu tun. Habt doch Mut zur Muße!

Empfehlungen für die Generation Best Ager

Dieser Generation – auf dem Höhepunkt des Berufslebens – geht es auch familiär gut, weil die Kinder aus dem Haus gehen und die Lebensphase einer neuen Zweisamkeit beginnt. Sie hat jetzt Gelegenheit, wieder mehr zu sich selbst zu finden und (positiven) Stress und (monotone) Ruhe im Gleichgewicht zu halten. Die beruflichen Anforderungen laufen weiter und auch die Familie, die Kinder und die Eltern erwarten Aufmerksamkeit und Zuwendung. Die Generation Best Ager kann es sich leisten, zum eigenen Zeitverteidiger zu werden. Sie sollte sich nicht scheuen, einen privaten Kalender anzulegen, der drei Zeiträume ausweist: Zeit mit anderen, Zeit für sich und Zeit für – nichts. Müßiggang war nie aller Laster Anfang. Letzterer ist ein Anti-Termin und offen für alles. Diese Generation kann sich Zeit-Luxus erlauben und Antworten auf die Schlüsselfrage ihres Lebens geben: Was ist eigentlich wichtig für mich und was nicht?

Empfehlungen für die Generation Lebenserfahrene

Diese Generation arbeitet zwar weniger, muss sich aber vermehrt Gedanken darüber machen, wie sie mit dem Zeitgewinn umgeht. Das Zur-Ruhe-kommen-Können wird zur großen persönlichen Herausforderung: Sie kann endlich „die Seele baumeln lassen". Sie weiß den neuen Zeitwohlstand zu schätzen. Bewusstes Zeiterleben steht ganz oben auf der Prioritätenliste. Ihr Lebensrhythmus ist stressfreier, aber nicht aktivitätsärmer. Sie kann Pläne und Perspektiven für ihre Zukunft entwickeln und lernen, flexible und weniger starre Tagesabläufe einzuüben. Es findet beinahe eine mentale Verjüngung statt, was sich auch positiv auf die Partnerschaft auswirkt: Der inaktivere Partner wird durch den aktiveren mitgerissen. Die Zweisamkeit wird zu einer neuen Energiequelle. Die Folge: Die gemeinsame Lebenserfahrung wird und wirkt freier, unabhängiger und gelassener.

Empfehlungen für die Generation Beziehungsförderer

Diese Generation kann lange und immer länger leben, hat Zeit zum Leben, aber auch Angst vor dem Erleben eines leeren Zeitgefühls oder gar vor dem Verlust sozialer Anerkennung. Sie fühlt sich nicht mehr voll beansprucht und ist konfrontiert mit dem Problem von Unterforderung und Anforderungslosigkeit. Das Meistern des Alltags ist die Leistung des hohen Alters. So wird dann auch die Familie zur Aufgabe, die aus dem Nicht-ausgefüllt-Sein und dem Gefühl der eigenen Leere („horror vacui") einen Zeitwohlstand mit Sinn macht: für andere da sein, wichtig bleiben und gebraucht werden. Dieses Erfolgserlebnis garantiert nur die eigene Familie. Sich im Rahmen seiner Möglichkeiten umeinander kümmern zu können, schafft gegenseitige Grundgeborgenheit. Lebensqualität im hohen Alter ist nicht das, was einem geboten wird, sondern das, was man daraus macht. Das Leben fühlen und füllen: das sind für die Generation Beziehungsförderer die Segnungen und neuen Freiheiten in einer Gesellschaft des langen Lebens.

4. Das Beste aus dem Leben machen

Veränderungen in der Lebensplanung

Neue Solidarität statt Generationenkonflikt

Vor fast einem halben Jahrhundert hatte die amerikanische Anthropologin Margaret Mead einen „Konflikt der Generationen" angekündigt: Ein geschichtliches Novum kommt auf uns zu. Die Erfahrungen der jungen Generation unterscheiden sich dann radikal von den Erfahrungen der Eltern und Großeltern. *Die Vorfahren bieten dem Nachwuchs keine Vorbilder mehr.* Die Jungen nehmen sich selbst gegenseitig zum Vorbild. Eine Gesellschaft entsteht, in der die Großeltern nicht mehr präsent sind und in der alte und junge Menschen immer häufiger den Wohnort wechseln. Das Zentralproblem heißt: *Bindung.*

Die Frage nach der Bindung wäre früheren Generationen sicher bedeutungslos erschienen. Denn jeder war, was er eben war – Angehöriger eines Landes, einer Kultur, einer sozialen Schicht oder einer bestimmten Generation. Jeder blieb auch, was er war – nicht verpflanzbar und geschützt im Kokon der Herkunft. Dafür aber konnte er eines nicht: *seine Bindung jederzeit wechseln.*

Für den modernen Menschen ist hingegen der Gedanke der Bindungswahl zur Normalität geworden. Junge Menschen können sich von ihren Angehörigen distanzieren und neue Vorbilder suchen. Ja, sie können „ganz ungeniert jegliche Verantwortung für die Älteren ablehnen", weil sie keine Sanktionen mehr wie früher befürchten müssen, als die Alten „den Besitz noch bis zu ihrem Tode fest in der Hand hatten".[1] In einer von permanenter sozialer Mobilität geprägten Gesellschaft muss es eigentlich unvermeidlich Brüche zwischen den Generationen geben.

Das Mead-Szenario ist nicht Wirklichkeit geworden. Der Karneval des Konsums mag für viele Menschen in der westlichen Welt zu Ende gehen. Aber für sich und die Familie vorsorgen und ein insgesamt zwar konsumärmeres, aber dafür *beziehungsreicheres Leben* zu leben, muss noch kein Rückschritt oder Abstieg sein. Insofern ist und bleibt die *wichtigste Ressource der Zukunft die Solidarität zwischen den Generationen.*

Aus dem traditionellen Lebensbogen Ausbildung/Beruf/Ruhestand sind heute einzelne *Streckenabschnitte im Leben* geworden. Die traditionelle Dreiteilung des Lebens in

- Kindheit und Jugend als Lernzeit,

- Erwachsenenalter als Arbeitsphase und

- höheres Alter als Ruhestand

wird abgelöst durch einen Wechsel ganz *unterschiedlicher Phasen des Lebens* (z.B. des Lernens, der Arbeit, der Kindererziehung und des sozialen Engagements). So entwickeln sich *Patchwork-Biografien* zwischen Teilzeitarbeit, Zeitarbeit und Jobsharing, Mutterschaftsurlaub und Vätermonaten, Babypause und Sabbatical, Nebenjobs und, ja, auch Phasen längerer Arbeitslosigkeit.

„Jugend" und „Alter" lösen sich auf

Aus der Sicht der modernen Generationenforschung kann geradezu von einer *Revolution der Lebenszeit* gesprochen werden: Aufgrund der gestiegenen Lebenserwartung dauern heute

Großeltern-Eltern-Kind-Enkel-Beziehungen ein Leben lang, d.h. sie müssen 40 oder 50 Jahre halten. So kommt es zu *völlig veränderten Lebensverläufen*. Noch vor hundert Jahren beinhalteten 50 Lebensjahre 35 Berufsjahre. Heute und in Zukunft stellen die etwa 35 Berufsjahre nur mehr den kleineren Teil eines mitunter bis zu hundertjährigen Lebens dar. Das zieht tiefgreifende *Veränderungen in der persönlichen Lebensplanung* und in den Familienbeziehungen, die jetzt Generationenbeziehungen gleichen, nach sich.

Auch und gerade die Partnerbeziehungen werden auf eine harte Probe gestellt: Ehen dauern länger als jemals zuvor: *Es gab „noch nie einen so großen Anteil von Ehen", die dreißig, vierzig oder mehr Jahre Bestand hatten.*[2] Damit verlängert sich auch die Dauer der Familienbeziehungen. *Die Familie bekommt eine neue Funktion als gelebte Solidaritätsgemeinschaft zwischen den Generationen.* Die Familie investiert immer mehr Zeit, Geld und Gefühle in den Erhalt der Beziehungen von den Großeltern bis zu den Enkeln, gewinnt dafür aber auch wieder mehr Sicherheit und Geborgenheit.

Noch vor einhundert Jahren haben Eltern nur selten die Heirat ihres jüngsten Kindes erlebt. Heute können sie sogar *die Heirat ihrer Enkel miterleben*. Die Fortschritte in Medizin, Ernährung und Versorgung der Menschen zwingen zu *Veränderungen in der individuellen Lebensplanung*.

„Du hast fünf Leben!", heißt es in Zukunft: *Die Begriffe „Jugend" und „Alter" lösen sich zusehends auf.* Das Lebensalter wird entgrenzt. Die Frage „Wie alt bist du?" wird immer seltener gestellt. Es zählen nur *noch Lebensjahrzehnte und Lebensphasen*. Das ganze Leben wird zur Aufgabe: „Was machst du oder planst du gerade?" – heute, morgen oder in zehn Jahren.

Ein langes Leben ist nie fertig. In einer Gesellschaft des langen Lebens gleicht der Lebenslauf einem *Marathonlauf.* Leben ist Bewegung und Erfahrung auf jedem Streckenabschnitt. Und immer getrieben von der Frage: Was gibt es für mich noch zu tun?

Das Prosoziale dominiert

Bei einem Zeitvergleich der Erziehungsziele kann geradezu von einem unaufhaltsamen Aufstieg der Ehrlichkeit in den letzten drei Jahrzehnten gesprochen werden. Die Krisenerfahrung hat die Werteskala verändert. Das Vertrauen in die Mitmenschen wächst wieder. Nachweislich wächst mit dem Vertrauen auch das Potenzial an Gemeinsinn und Gemeinschaftsfähigkeit.

Das Millenniumsfieber um 2000 war der Höhepunkt einer Spaß- und Singlegesellschaft in der gesamten westlichen Welt. Auch wenn die Entwicklung nur für einen Teil der Bevölkerung wirklich repräsentativ war, sprach die internationale Sozialforschung seinerzeit vom "Bowling alone"-Phänomen:[3] Man schob seine Kugel allein. Die Individualisierung schien grenzenlos zu sein. Ein Kollaps des Gemeinwesens ("collapse of community") wurde befürchtet. Der soziale Zusammenhalt drohte verloren zu gehen. Doch seit dem 11. September 2001 sind die Lebensideale der 1980er und 1990er Jahre immer fragwürdiger geworden. Die Finanz- und Wirtschaftskrise hat dieses Umdenken noch verstärkt: *Aus dem "bowling alone" wird ein "bowling together".*

Die Tierwelt macht es uns Menschen doch vor. Die Erfahrung zeigt: *Wer sich um andere sorgt, lebt länger* ("Caretakers live longer"). Bei den südamerikanischen Springaffen beispielsweise übernehmen die Männchen nach der Geburt die Aufzucht der Jungen. Die Männchen leben um mehr als 20 Prozent länger als ihre Weibchen.[4] Daraus folgt im Umkehrschluss: *Wer sich nicht sozial verhält, setzt sein Leben aufs Spiel.* Ein starkes soziales Netz steigert nachweislich die Lebenserwartung von Menschen[5] – auch eine Erklärung dafür, warum Frauen in allen Kulturen länger leben als Männer, weil sie sich für die Kinderbetreuung hauptverantwortlich fühlen.

Es findet eine Zäsur im Denken und in den Lebenseinstellungen der Bürger statt: Die Spaßkultur weicht einer neuen Ernsthaftigkeit. In Krisenzeiten ist kein Platz für Egoisten mehr. Das Zeitalter der Ichlinge geht zu Ende. Eine Ära der Nachhaltigkeit beginnt – auch und gerade im zwischenmenschlichen Bereich. *Beständigkeit ersetzt Beliebigkeit* und Bescheidenheit ist wieder gefragt. Die Menschen rücken enger zusammen und sind sich weitgehend einig: „Wir müssen mehr zusammenhalten." Die Genossenschaftsidee lebt wieder auf.

Im Zeitvergleich der letzten Jahre zeichnet sich im Alltagsverhalten ein deutlicher *Wandel vom Ich zum Wir* ab. Die soziale Dimension des eigenen Tuns wird wichtiger. Aktivitäten „für sich allein" verlieren an Bedeutung. Für das persönliche Wohlfühlen ist das Zusammensein mit Partner sowie mit Kindern und Familie bedeutsamer. Dazu gehört auch die *Kontaktpflege zu den Nachbarn* – mit einem besonderen Nebeneffekt: Je mehr Nachbarn sich mit Vornamen kennen, desto sicherer ist die Wohngegend.

Von der Lebenstreppe zur Stufenleiter

Bis in die spätmittelalterliche Zeit des 14. bis 16. Jahrhunderts wurde in Lebensgeschichten und -erinnerungen der Mensch *mit einer Pflanze verglichen*. Wie die Pflanze durchlief der Mensch aus dieser historischen Sicht *mehrere Wachstumsphasen*, was im Volksmund auf die Formel gebracht wurde:[6]

„Zehn Jahre: ein Kind

Zwanzig Jahre: Witz und Sinn

Dreißig Jahre: ein erwachsener Mann

Vierzig Jahre: wohlgetan

Sechzig Jahre: ein weiser Mann

Siebzig Jahre: wieder abelahn [etwa: davon ablassen, loslassen]

Achtzig Jahre: an Krücken gahn

Neunzig Jahre: der Kinder Spott

Hundert Jahre: gnade dir Gott!"

In mittelalterlichen Buchillustrationen dominiert die symbolische Darstellung von der *Lebenstreppe,* vom Auf- und Abstieg (*„Auf- und Niedergang"*). Im neuzeitlichen Denken entsteht das Bild vom *Glücksrad* des Lebens, das sich um die Welt und das Leben dreht: Seit der Entdeckung Amerikas greift der Mensch aber zunehmend in die Speichen des Rades und entscheidet selbst mit über Glück und Schicksal seines Lebens.

Im 21. Jahrhundert werden Glücksrad und Lebenstreppe (die immer im Abwärts- bzw. im Niedergang endet) zur Stufenleiter des Lebens, die es emporzusteigen gilt. Auf der *Stufenleiter* geht es immer wieder weiter – in jedem Lebensalter. Die Lebenszeit schreitet voran: *Aus der Abwärtstreppe wird eine Fortschrittsleiter.* Allerdings muss jeder auf seinem Lebensweg selbst für tragfähige *Sprossen (= Lebensziele)* sorgen – auf welcher Höhe der Leiter auch immer. In ein Bild gebracht: Fünf stabile Sprossen entsprechen fünf Leben. Selbst im fünften Leben im Alter von über 80 Jahren hören die Anforderungen des Lebens nicht auf: *In jedem Lebensalter gibt es eine neue Herausforderung.*

Und so sehen nach den Ergebnissen der Repräsentativumfrage die von der Bevölkerung ausgewählten Sprossen auf der Stufenleiter in jedem Lebensalter aus:

- **Leben 1,** unter 20 Jahre: Generation Zukunft – Ausbildung/ Beruf/Konsum/Medien

- **Leben 2,** 21 bis 40 Jahre: Generation Lebensplaner – Wohnen/Wohnumfeld

- **Leben 3,** 41 bis 60 Jahre: Generation Best Ager – Gesundheit/ Fitness/Zeitnotstand/Zeitwohlstand/Freizeit/Urlaub/Bürgerengagement/Politik zum Mitmachen

- **Leben 4,** 61 bis 80 Jahre: Generation Lebenserfahrene – Freunde/ Nachbarn/Gesundheit

- **Leben 5,** über 80 Jahre: Generation Beziehungsförderer – Familie/Kinder/Generationenbeziehungen

In der künftigen Gesellschaft des langen Lebens hört die Existenzsicherung bis ins hohe Alter auf, nur ein materielles Problem zu sein. Jenseits von Geld und Gütern beginnen die eigentlichen Herausforderungen des Lebens – vom Risiko des Scheiterns bis zur Chance des Neubeginns. Und das heißt: *Stolpern. Aufstehen. Weitermachen. Leben wollen* – so gut und so lange wie möglich. Bis zur fünften Stufe!

5. Der Fakten-Check

Österreicher und Deutsche: Gemeinsamkeiten überwiegen

Ergebnisse der Repräsentativumfragen in Österreich (SPECTRA) und Deutschland (IPSOS) (jeweils 1.000 Befragte im November 2017)

Es gibt *drei Dinge*, die den Menschen im Laufe ihres Lebens geradezu heilig sind und die sie unter keinen Umständen verlieren wollen: *die Familie, die Freunde und die Gesundheit.* Weder Geld, Gold und gute Worte noch Smartphone, Auto und ferne Reisen können das aufwiegen und ersetzen, was Familie (Ö: 68%, D: 63%), Freunde (Ö: 70%, D: 59%) und eigene Gesundheit (Ö: 76%, D: 73%) für die Bevölkerung in Deutschland und Österreich ein Leben lang bedeuten: *Wohlfühlen in der eigenen Haut und Wohlergehen durch soziale Geborgenheit.* Dies geht aus Repräsentativbefragungen hervor, die zeitgleich in Deutschland und Österreich durchgeführt wurden.

Auf dem Weg in die Fünf-Generationen-Gesellschaft

Jedes zweite Neugeborene wird in einhundert Jahren noch am Leben sein. Wie kann in der künftigen Gesellschaft des langen Lebens das *Zusammenleben der Generationen* in Zukunft gelingen? Mit der Langlebigkeit und der ständig steigenden Lebenserwartung lösen sich die Begriffe „Jugend" und „Alter" zusehends auf. Für die Zukunft zeichnet sich eine biografische Entwicklung ab, in der bei einer Lebenserwartung von rund einhundert Jahren *fünf Lebensphasen nacheinander folgen*. Dabei hat jede Stufe des Lebens ihren eigenen Wert und ihre besondere individuelle Bedeutung.

Trotz fließender Übergänge lassen sich idealtypisch diese fünf Lebensphasen unterscheiden, weil sie subjektiv jeweils *wie ein neues Leben empfunden* werden. Jede Lebensphase hat einen spezifischen Generationscharakter. Die Repräsentativumfragen in Österreich und Deutschland weisen nach:

- Für die junge **„Generation Zukunft"** *(unter 20 Jahren)* haben im Unterschied zur übrigen Bevölkerung Aus- und Weiterbildung (D: +12 Prozentpunkte, in Ö über alle Generationen) sowie Konsum- und Medienangebote (D, Ö: +20) die größte Bedeutung im Leben. Keine andere Bevölkerungsgruppe weist in Deutschland in diesen Lebensbereichen so hohe Zustimmungswerte auf. In Österreich ist die Zustimmung in der Bevölkerungsgruppe der 40- bis 60-Jährigen sogar noch höher (67%).

- Für die zweite **Generation Familienplaner und Existenzgründer** *(unter 40 Jahren)* stehen Wohnen, Arbeitsort und moderne Mobilitätsangebote (D: +13, Ö: +16) im Mittelpunkt ihres Lebens. Diese Faktoren bestimmen ihre Lebensqualität.

- Bei der dritten Generation in der Mitte des Lebens, den **Mid- und Best Agern** zwischen 40 und 59 Jahren, dominieren der Genuss des Lebens im Urlaub und auf Reisen (D: +9, Ö: +6), die aktive Freizeit im Gesundheits- und Fitnessbereich (D: +6, in Ö ist die Zustimmung bei den 60- bis

80-Jährigen allerdings noch höher) sowie auch die Bereitschaft, Einfluss auf politische Entscheidungen zu nehmen (D, Ö: +5). Auf dem Höhepunkt ihres Lebens ist sie hin- und hergerissen zwischen Zeitwohlstand und Zeitnotstand (D: +8, Ö: +10).

- Das „vierte Leben" der **lebenserfahrenen Generation** *60plus* steht ganz im Zeichen der Pflege der Generationenbeziehungen (D: +10, Ö: +9) und dem Anspruch, auch im höheren Alter noch gesund und fit zu bleiben (D: +5, Ö: +6).

- Die **Generation der über 80-Jährigen** legt in Deutschland im Unterschied zu allen anderen Lebensaltern den größten Wert auf die Familie (+20) und den Freundeskreis (+6). In Österreich spielen die Freunde in allen Generationen eine größere Rolle als in Deutschland, daher auch bei den über 80-Jährigen. Im Alter will man nicht allein sein oder alleingelassen werden. Es überrascht schon: Die Familie hat für diese Generation in Deutschland eine größere Bedeutung als für die Generationen selbst in der Mitte des Lebens. Anders in Österreich: Da ist die Bedeutung der Familie ab 40 in allen Generationen (Lebensphasen) mit über 70 Prozent Zustimmung etwa gleich hoch: Daraus folgt jedenfalls für beide Länder: Wer lebenslang die familiären Beziehungen pflegt, kann im hohen Alter am meisten die Früchte dieser Beziehungsarbeit ernten.

Die persönlichen Prioritäten ändern sich im Lauf eines langen Lebens. Die Aufforderung der Zukunftsstudie *„Du hast fünf Leben!"* bedeutet: In jeder Stufe und Phase des Lebens müssen die eigenen Lebensziele neu bewertet und gewichtet werden. Mit der Gewohnheit, *„einmal" fürs Leben zu lernen*, kommt man nicht mehr weit. In jeder Stufe des Lebens muss man zum Neubeginn bereit sein – ganz im Sinn von Hermann Hesse: Jedem

Anfang und Neubeginn „wohnt ein Zauber inne, der uns beschützt und der uns hilft zu leben …".

Nach den Repräsentativumfragen in Österreich und Deutschland ändern sich etwa alle zwanzig Jahre die Prioritäten des Lebens. Das Lebenskonzept eines 37-Jährigen sieht schließlich ganz anders aus als die Lebensweise eines 17-jährigen Teenagers. Vor dem Hintergrund der Langlebigkeit muss jeder etwa alle zwanzig Jahre *in eine neue Lebensphase „hineinwachsen"*: Wer „*erwachsen*" sein will, muss das Leben immer wieder neu leben lernen.

Nur auf den ersten Blick wirken die Umfragedaten enttäuschend. Warum, so könnte man fragen, finden nur etwa zwei Drittel der Bevölkerung Familie und Kinder „im Leben besonders wichtig" – und warum nicht 90 oder 100 Prozent? Das wäre jedoch idealistisches Wunschdenken. Denn immer mehr Menschen wohnen allein, vor allem in den *Single-Hochburgen* von Großstädten und urbanen Ballungszentren. In Berlin etwa gibt es mehr Singles als Familien. Das Single-Dasein hat zwei Gesichter: Die einen leben allein, weil sie es wollen, die anderen, weil sie es müssen.

So gesehen ist der Anteil der Bevölkerung, für den Familie und Kinder im Leben „besonders wichtig" sind, realistisch: in Deutschland 63, in Österreich 68 Prozent. Alle anderen leben und wohnen allein. Die Schattenseiten des Alleinlebens: Immer mehr *sterben auch allein*, weshalb örtliche Friedhofsämter bzw. -verwaltungen zunehmend Aufrufe veröffentlichen müssen: „Wer kennt Angehörige der nachfolgenden Verstorbenen? Sachliche Hinweise an …" Vor dem Hintergrund der Langlebigkeit werden in Zukunft immer mehr Menschen im hohen Alter davon betroffen sein.

Tabellen

Die wichtigsten Lebenswerte

Fitness. Familie. Freunde. „3 F": Die wichtigsten Lebenswerte der Österreicher und Deutschen		
Den folgenden Aussagen stimmen im Zwei-Länder-Vergleich persönlich zu **(Angaben in Prozent):**	Ö	D
Gesundheit/Fitness „Ohne Gesundheit ist fast alles nichts wert, weshalb ich im Berufs- und Privatleben darauf achte, gesund und fit zu bleiben."	76	73
Familie/Kinder „Für mich sind Familie und Kinder im Leben besonders wichtig."	68	63
Freunde/Nachbarn „Freunde und Nachbarn sind für mich als verlässliche Lebensbegleiter unverzichtbar."	70	59
Beruf/Ausbildung „Den ‚Beruf fürs Leben' wird es in Zukunft immer weniger geben, weshalb Aus- und Weiterbildung immer wichtiger werden."	59	46
Generationenbeziehungen/Zusammenhalt „Wir leben immer länger und sind daher auf den Zusammenhalt von Enkeln, Kindern, Eltern und Großeltern angewiesen."	54	48

167

Politik zum Mitmachen/Bürgerengagement „In unsicheren Zeiten sollte die Bevölkerung mehr Einfluss und Mitsprache bei politischen Entscheidungen bekommen."	47	44
Wohnen/Wohnumfeld „Wohnen, Arbeitsort und moderne Mobilitätsangebote bestimmen meine Lebensqualität."	43	42
Urlaub/Freizeit „Auf die jährliche Urlaubsreise will ich nicht verzichten, dafür arbeite und verdiene ich schließlich."	40	39
Konsum/Medien „Konsum- und Medienangebote bereichern mein Leben, kosten aber auch Zeit und Geld."	36	40
Zeitnotstand/Zeitwohlstand „Ich habe öfter das Gefühl, unter Zeitnot zu leiden und wünsche mir mehr Zeit zum Leben."	40	31
Basis: Repräsentativbefragungen von jeweils 1.000 Personen ab 14 Jahren in Österreich und Deutschland		

Die Top Ten des Lebens			
Ein Zwei-Länder-Vergleich (Angaben in Prozent):			
Österreicher		Deutsche	
1. Gesundheit/Fitness	76	1. Gesundheit/Fitness	73
2. Freunde/Nachbarn	70	2. Familie/Kinder	63
3. Familie/Kinder	68	3. Freunde/Nachbarn	59
4. Beruf/Ausbildung	59	4. Generationen-beziehungen/ Zusammenhalt	48
5. Generationen-beziehungen/ Zusammenhalt	54	5. Beruf/Ausbildung	46
6. Politik zum Mitmachen/ Bürgerengagement	47	6. Politik zum Mitmachen/ Bürgerengagement	44
7. Wohnen/Wohnumfeld	43	7. Wohnen/Wohnumfeld	42
8. Urlaub/Freizeit	40	8. Konsum/Medien	40
9. Zeitnotstand/ Zeitwohlstand	40	9. Urlaub/ Freizeit	39
10. Konsum/Medien	36	10. Zeitnotstand/ Zeitwohlstand	31
Basis: Repräsentativbefragungen von jeweils 1.000 Personen ab 14 Jahren in Österreich und Deutschland			

Prioritäten der Lebensphasen

„Du hast fünf Leben!"
Jede Lebensphase hat ihre eigenen Prioritäten

Was im Leben wirklich wichtig ist (Angaben in Prozent):		unter 20 Jahre (1):	21–40 Jahre (2):	41–60 Jahre (3):	61–80 Jahre (4):	über 80 Jahre (5):
Gesundheit/Fitness	D:	53	67	79	78	77
	Ö:	52	74	76	82	80
Familie/Kinder	D:	25	55	66	71	83
	Ö:	36	64	73	72	71
Freunde/Nachbarn	D:	61	55	60	58	65
	Ö:	65	65	71	76	69
Beruf/Ausbildung	D:	58	55	46	33	36
	Ö:	61	60	67	49	23
Generationenbeziehungen/ Zusammenhalt	D:	27	38	49	58	58
	Ö:	31	49	54	63	74
Politik zum Mitmachen/ Bürgerengagement	D:	35	38	49	47	27
	Ö:	36	47	52	43	41
Wohnen/Wohnumfeld	D:	24	55	47	25	27
	Ö:	38	59	47	27	0
Urlaub/Freizeit	D:	22	41	48	29	13
	Ö:	24	45	46	34	0
Konsum/Medien	D:	60	50	41	26	12
	Ö:	56	41	37	26	14
Zeitnotstand/ Zeitwohlstand	D:	32	37	39	18	11
	Ö:	37	48	50	22	0

Basis: Repräsentativbefragungen von jeweils 1.000 Personen ab 14 Jahren in Österreich und Deutschland

Fragebogen

Frage:

„Im Folgenden finden Sie eine Reihe von Aussagen über das, was im Leben wirklich wichtig ist. Welchen der folgenden Aussagen stimmen Sie persönlich zu?"

(Mehrfachnennungen möglich)

FAMILIE/KINDER (1.)
„Für mich sind Familie und Kinder im Leben besonders wichtig."

FREUNDE/NACHBARN (2.)
„Freunde und Nachbarn sind für mich als verlässliche Lebensbegleiter unverzichtbar."

WOHNEN/WOHNUMFELD (3.)
„Wohnen, Arbeitsort und moderne Mobilitätsangebote bestimmen meine Lebensqualität."

BERUF/AUSBILDUNG (4.)
„Den ‚Beruf fürs Leben' wird es in Zukunft immer weniger geben, weshalb Aus- und Weiterbildung immer wichtiger werden."

KONSUM/MEDIEN (5.)
„Konsum- und Medienangebote bereichern mein Leben, kosten aber auch Zeit und Geld."

URLAUB/REISEN (6.)
„Auf die jährliche Urlaubsreise will ich nicht verzichten, dafür arbeite und verdiene ich schließlich."

GESUNDHEIT/FITNESS (7.)
„Ohne Gesundheit ist fast alles nichts wert, weshalb ich im Berufs- und Privatleben darauf achte, gesund und fit zu bleiben."

171

GENERATIONENBEZIEHUNGEN/ZUSAMMENHALT (8.)
„Wir leben immer länger und sind daher auf den Zusammenhalt von Enkeln, Kindern, Eltern und Großeltern angewiesen."

POLITIK ZUM MITMACHEN/BÜRGERGESELLSCHAFT (9.)
„In unsicheren Zeiten sollte die Bevölkerung mehr Einfluss und Mitsprache bei politischen Entscheidungen bekommen."

ZEITNOTSTAND/ZEITWOHLSTAND (10.)
„Ich habe öfter das Gefühl, unter Zeitnot zu leiden, und wünsche mir mehr Zeit zum Leben."

6. Anmerkungen/Grundlagenliteratur

1. Das Leben neu entdecken

[1] Mannheim, K.: Das Problem der Generationen (1928). In: K.-H. Wolff (Hrsg.): Karl Mannheim Wissenssoziologie, Berlin–Neuwied 1964, S. 509–565

[2] *Jureit, U.:* Generationenforschung, Göttingen 2006; *Parnes, O. (u.a.):* Generation. Eine Geschichte der Wissenschaft und der Kultur, Frankfurt/M. 2008

[3] *Randers, J.:* 2052. Der neue Bericht an den Club of Rome, 2. Aufl., München 2014, S. 33

2. Leitbilder, Wertmaßstäbe, Lebensideale

[1] *Opaschowski; H.:* Freizeitprobleme in der zweiten Hälfte der 80er Jahre. In: BAT Freizeit-Forschungsinstitut (Hrsg.): Quo vadis, Freizeit? Hamburg 1987, S. 16

[2] *Opaschowski, H.:* Von der Beliebigkeit zur Beständigkeit. Die Wertewelt 2030. In: Ders.: Deutschland 2030, Gütersloh, S. 609–656

[3] *Bell, D.:* Die Zukunft der westlichen Welt, Frankfurt/M. 1979

[4] *Trudeau, J.:* Interview. In: DER SPIEGEL Nr. 28 vom 8. Juli 2017, S. 49

3. In jedem Alter leben lernen
Lebensbereich: Gesundheit/Fitness

[1] *Meisner, J.:* Der Kirche ist das Mysterium verlorengegangen (Interview). In: Die Welt vom 5. Juli 1999, S. 6

[2] *Robert*-Koch-Institut (Hrsg): Gesundheit in Deutschland 2015 – die wichtigsten Entwicklungen, Berlin 2016

[3] *Lütz, M.:* Der Wunsch nach Gesundheit wird krankhaft. In: Focus Nr. 4 vom 23.01.2012, S. 74–75

[4] *Opaschowski, H.:* Sport in der Freizeit (Bd. 8 der BAT Schriftenreihe), Hamburg 1987, S. 34; *Zellmann, P. (mit Popp, R.):* Freizeit in Österreich. Bedingungen und Entwicklungen, Wien 1994, S. 75

[5] Der Spiegel 9/1996.

[6] *Axt, P.:* Vom Glück der Faulheit, München 2002, S. 12

Lebensbereich: Familie/Kinder

[7] *Zellmann, P.:* Die Zukunftsfallen. Wo sie sich verbergen. Wie wir sie umgehen, Wien 2007, S. 267

[8] Statistik Austria (2017), www.statistik-austria.at/web_de/statistiken/index.html

[9] *Nast, M.:* Generation Beziehungsunfähig, 6. Aufl., Hamburg 2016

[10] http://durchschnittliche.de/weitere-mittelwerte/65-durchschnittliche-dauer-ehe

[11] Statistik Austria (2017), www.statistik-austria.at/web_de/statistiken/index.html

[12] SOEP/Sozio-ökonomischer Panel, 2016

[13] *Clauß, A. (u.a.):* Die Sehnsuchenden. In: Der Spiegel Nr. 43 vom 22. Oktober 2016, S. 60

[14] *Zellmann, P.:* Die Zukunftsfallen. Wo sie sich verbergen. Wie wir sie umgehen, Wien 2007, S. 278

[15] *Shell Deutschland Holding (Hrsg.):* Jugend 2006. Eine pragmatische Generation unter Druck (15. Shell Jugendstudie), Frankfurt/M. 2006, S. 49 ff.

[16] *Kohli, M. (u.a.):* Generationenbeziehungen. In: M. Kohli/H. Künemund (Hrsg.): Die zweite Lebenshälfte, Opladen 2000, S. 186

[17] *Zellmann, P.:* Die Zukunft, die wir wollen. Was den Menschen wirklich wichtig ist, Wien 2017, S. 170

Lebensbereich: Freunde/Nachbarn

[18] *Nuber, U.:* Warum wir uns langweilen. In: psychologie heute (1990), S. 21–26

[19] *Opaschowski, H.:* Das Moses Prinzip, Gütersloh 2007, S. 71–74 (Pflege des Freundeskreises)

Lebensbereich: Beruf/Ausbildung

[20] *Zellmann, P./Opaschowski, H.:* Die Zukunftsgesellschaft, Wien 2005, S. 116

[21] *Zellmann, P.:* Die Zukunft der Arbeit, Wien 2010, Buchuntertitel

[22] *Zellmann, P.:* Die Zukunft, die wir wollen. Was den Menschen wirklich wichtig ist, Wien 2017, S. 56

[23] *Coombe, G.:* Interview. In: FAZ Nr. 24 vom 28.1.2017, S. 22

[24] *IAB/Institut für Arbeitsmarkt- und Berufsforschung 2017*

[25] *Acemoglu, D./P. Restrepo*: Robots an Jobs (NBR Working Paper 24285), April 2017

[26] *Bernau, P.:* Smarte Arbeit. In: FAZ vom 24. August 2017, S. 22

[27] *Opaschowski, H.:* Freie Zeit ist Bürgerrecht. Plädoyer für eine Neubewertung von „Arbeit" und „Freizeit". In: Aus Politik und Zeitgeschichte (Beilage zur Wochenzeitung Das Parlament B 40/74), Bonn 5. Okt. 1974, S. 31

[28] *Opaschowski, H.:* Deutschland 2010. Wie wir morgen leben, Hamburg 1997, S. 48

[29] *Ernst H. u.a. (Hrsg.):* Lebenswelten 2020. 36 Zukunftsforscher über die Chancen von morgen. Hrsg. v. Dt. Institut für Altersvorsorge, Köln 2000, S. 88

Lebensbereich: Generationenbeziehungen/Zusammenhalt

[30] *Bengtson, V. L./Y. Schütze*: Altern und Generationenbeziehungen: Aussichten für das kommende Jahrhundert. In: P.B. Baltes/J. Mittelstraß (Hrsg.): Zukunft des Alterns und gesellschaftliche Entwicklung, Berlin–New York 1992, S. 499

[31] *Bengtson, V. L./Y. Schütze:* a.a.O.

[32] *Bertram, H.:* Die verborgenen familiären Beziehungen in Deutschland: Die multilokale Mehrgenerationenfamilie. In: M. Kohli/M. Szydlik (Hrsg.): Generationen in Familie und Gesellschaft, Opladen 2000, S. 116

[33] *Rosenmayr, L.:* Die menschlichen Lebensalter: Kontinuität und Krisen, München 1978

[34] *Sommer, C:* Innovationen aus der Praxis? In: Hessische Blätter für Volksbildung 4 (2002), S. 356

[35] *Engelhardt, M. v.:* Generation, Gedächtnis und Erzählen. Zur Bedeutung des lebensgeschichtlichen Erzählens im Generationenverhältnis. In: E. Liebau (Hrsg.): Das Generationenverhältnis, Weinheim–München 1997, S. 73

[36] *Enquête-Kommission des Deutschen Bundestags:* „Demographischer Wandel – Herausforderungen unserer älter werdenden Gesellschaft an den Einzelnen und die Politik" (Schlussbericht), Berlin: Drucksache 14/8800 vom 28. März 2002, S. 39

Lebensbereich: Politik zum Mitmachen/Bürgergesellschaft

[37] *Crouch, C.:* Postdemokratie („Postdemocrazia", 2003), Frankfurt/M. 2008, S. 30

[38] *Zellmann, P.:* Die Zukunft, die wir wollen. Was den Menschen wirklich wichtig ist. Wien 2017, S. 39

[39] Zellmann, P.: a.a.O, S. 12

[40] *Opaschowski, H.:* Herausforderung Freizeit. Perspektiven für die 90er Jahre (B.A.T Grundlagenstudie zur Freizeitforschung Bd. 10), Hamburg 1990, S. 59

[41] *Zellmann, P.:* Forschungstelegramm Februar, Wien 2015 http://www.freizeitforschung.at/data/forschungsarchiv/2015/136.%20FT%202-2015_Vereine.pdf

[42] *BMFSFJ/Bundesministerium für Familie, Senioren, Frauen und Jugend* (Hrsg.): Monitor Familiendemographie, Berlin April 2005, S. 314

[43] *Dragulov, G. u.a.:* Radar gesellschaftlicher Zusammenhalt. Messen, was verbindet. Gesellschaftlicher Zusammenhalt in Deutschland. Hrsg.: Bertelsmann Stiftung, Gütersloh 2014, S. 88

Lebensbereich: Wohnen/Wohnumfeld

[44] *Wefing, H.:* Die neue Sehnsucht nach der Alten Stadt oder Was ist Urbanität? In: Neue Rundschau 2 (1998), S. 86

[45] *Berlin-Institut für Bevölkerung und Entwicklung:* Die demografische Lage der Nation, München 2006, S. 11

[46] *Rifkin, J.:* Access. Das Verschwinden des Eigentums ("The Age of Access", 2000), Frankfurt/M. 2000

[47] *FAU/Friedrich-Alexander-Universität Erlangen-Nürnberg (Hrsg.):* Studie „Die munteren Neunzigjährigen. Leben in der zehnten Dekade", Nürnberg 2017

Lebensbereich: Urlaub/Freizeit

[48] *Opaschowski, H.:* Das gekaufte Paradies.Tourismus im 21. Jahrhundert, Hamburg 2001

[49] *Zellmann, P.:* Die Urlaubsrepublik. Wien 2015, S. 186

Lebensbereich: Konsum/Medien

[50] *Bellow, S.:* „Wir müssen die Klassiker studieren, nicht unsere Windeln". Zeit-Gespräch, Hamburg 13. Januar 1989

[51] *Beyer S.:* Heitere Apokalypse. In: Der Spiegel Nr. 24 (2007), S. 147

[52] *Stehr N.:* Die Moralisierung der Märkte, Frankfurt/M. 2007

[53] *Klein, N.:* No Logo! Der Kampf der Global Players um Marktmacht, München 2002, S. 460

[54] *Rifkin, J.:* Die Null-Grenzkosten-Gesellschaft, Frankfurt/M 2014, S. 64

[55] *Schmid, W.:* Lebenskunst im Cyberspace. In: forum medienethik 2 (2000), S. 7ff.

[56] *Mc Luhan, M.:* Die magischen Kanäle ("Understanding Media", 1964), 2. erw. Aufl., Dresden–Basel 1995

[57] *Levy, P.:* Die kollektive Intelligenz. Für eine Anthropologie des Cyberspace (L'intelligence collective, Paris 1994), Mannheim 1997, S. 13

[58] *Wiedeking, W.:* Die Welt tickt zu einseitig (Interview). In: Der Spiegel Nr. 3 (1999), S. 90

[59] *Gronemeyer, R.:* Alle Menschen bleiben Kinder, Düsseldorf–München 1996, S. 16

[60] *Gergen, K.:* Das übersättigte Selbst: Identitätsprobleme im heutigen Leben, Heidelberg 1996

[61] *Allensbach, Institut für Demoskopie (Hrsg.):* Gesprächsfaden gerissen? Allensbacher Berichte Nr. 9 (2000), S. 1–5

[62] *Zellmann, P.:* Die Urlaubsrepublik, Wien 2015, S. 23

[63] *Pascal, B.:* Pensées. Hrsg. v. L. Chevalier, Heidelberg 1954

Lebensbereich: Zeitnotstand/Zeitwohlstand

[64] *Zellmann, P.:* Die Zukunft der Arbeit, Wien 2010, S. 60

[65] *Opaschowski, H.:* Von der Geldkultur zur Mußekultur. In: Ders.: Arbeit. Freizeit. Lebenssinn, Opladen 1983, S. 180

[66] *Levine, R.:* Eine Landkarte der Zeit. Wie Kulturen mit Zeit umgehen ("A Geography of Time", New York 1997), München 1998, S. 165

[67] *Milgram, S.:* The experience of living in cities. In: Science 167 (1970), S. 1461-1468

[68] *Levine, R.:* a.a.O., S. 221

[69] FMK (2014), www.fmk.at/mobilfunktechnik/zahlen-und-fakten/handy-verbreitung/

[70] *Gross, P.:* Die Multioptionsgesellschaft, Frankfurt/M. 1994, S. 62

[71] *Zellmann, P.:* Die Zukunftsfallen. Wo sie sich verbergen. Wie wir sie umgehen, Wien 2007, S. 225 ff.

[72] *Zellmann, P./Opaschowski, H.:* Die Zukunftsgesellschaft, Wien 2005, S. 311

4. Das Beste aus dem Leben machen

[1] *Mead, M.:* Der Konflikt der Generationen, Olten 1971, S. 82

[2] *Bertram, H.:* Getrennt wohnen – solidarisch leben. In: A. Lepenies (Hrsg.): Alt und Jung, Frankfurt/M. 1997, S. 92

[3] *Putnam, R. D.:* Bowling Alone: Collapse and Revival of American Community, New York 2000

[4] *Allman, J.:* Parenting and survival in anthropoid primates: Caretakers live longer. In: Proceedings of the National Academy of Sciences of the United States of America 95 Nr. 12 (1998), S. 6866–6869

[5] *Klein, St.:* Der Sinn des Gebens. Warum Selbstlosigkeit in der Evolution siegt und wir mit Egoismus nicht weiterkommen, Frankfurt/M. 2010

[6] *Borscheid, P.:* Geschichte des Alters, Bd. 1, 2. Aufl., Münster 1987, S. 33

Zukunft gestalten statt Stillstand verwalten

2017. 198 Seiten.
Geb. EUR 21,90
ISBN 978-3-214-01235-9

Peter Zellmann

Die Zukunft, die wir wollen

Die Wahlergebnisse der letzten Zeit haben gezeigt, dass vielerorts die Angebote der klassischen Parteien und die Erwartungen der Wähler weit auseinanderklaffen. In den Lücken richtet es sich der Populismus bequem ein.

Um den Wählerwillen (wieder) mit den Bestrebungen der Politik in Deckung zu bringen zu können, braucht es eine genaue Kenntnis der Bedürfnislagen in der Bevölkerung. Genau hier setzt Peter Zellmann an: Er hat in repräsentativen Umfragen über viele Jahre hinweg die Ansichten und Wünsche der Bevölkerung zu zentralen Themen wie Wertewandel, Arbeitswelt, Europäische Union, Zuwanderung, Schule und Bildung sowie Familie erhoben.

Weil es aber – frei nach Goethe – nicht genug ist, zu wissen, sondern man auch tun muss, macht der Autor konkrete Vorschläge, wie eine „Agenda der Zukunft" abseits des üblichen Links-Rechts-Schemas aussehen könnte.

Der Autor:
Prof. Mag. **Peter Zellmann** ist Erziehungswissenschaftler und Leiter des Instituts für Freizeit- und Tourismusforschung in Wien.